没有翅膀，就要
努力奔跑
顺丰快递创始人王卫的12堂创业励志课

李芏巍◎著

台海出版社

图书在版编目（CIP）数据

没有翅膀，就要努力奔跑：顺丰快递创始人王卫的12堂创业励志课 / 李芏巍著. — 北京：台海出版社，2014.12（2015.8重印）
ISBN 978-7-5168-0521-3
Ⅰ. ①没…　Ⅱ. ①李…　Ⅲ. ①邮件投递—企业管理—经验—中国—通俗读物　Ⅳ. ①F632-49
中国版本图书馆CIP数据核字(2014)第280741号

没有翅膀，就要努力奔跑：顺丰快递创始人王卫的12堂创业励志课

著　　者：李芏巍

责任编辑：侯　玢　　装帧设计：尚世视觉
版式设计：刘丽娟　　责任印制：蔡　旭

出版发行：台海出版社
地　　址：北京市朝阳区劲松南路1号，　邮政编码：100021
电　　话：010－64041652（发行，邮购）
传　　真：010－84045799（总编室）
网　　址：www.taimeng.org.cn/thcbs/default.htm
E － mail：thcbs@126.com

经　　销：全国各地新华书店
印　　刷：固安县保利达印务有限公司
本书如有破损、缺页、装订错误，请与本社联系调换

开　　本：170×230　1/16
字　　数：221千字　　印　　张：15.5
版　　次：2015年3月第1版　　印　　次：2015年8月第2次印刷
书　　号：ISBN 978-7-5168-0521-3

定　　价：39.80元

“杂评”王卫

我最佩服的人王卫，从“带水货”到顺丰总裁。他旗下15万员工，巨额采购了IBM的信息、人力管理咨询服务方案和系统，他始终做小件快递。

——菜鸟网络科技有限公司董事长 马云

王卫是个非常有判断力的人，他很会抓机会，看得比别人远，顺丰乃至物流与快递行业的变革都与他有着必然的联系。

——中国物流学界的泰斗 王之泰教授

这位谜一样的中年男人在乎的不是金钱，亦不是出镜，他拥有一种真正的专注，专注物流，别无旁骛。

——广州大学副校长 禹奇才教授

王卫的每一笔钱花在什么地方，他自有分寸，据我了解，他也是做了市场调研反复论证的。顺丰开会就是吃盒饭，成本核算得很好。国有公司的成本核算像吃中餐，谁吃了哪个菜吃了多少都不清楚；王卫的企业管理像吃西餐，谁的盘子里有多少、吃了多少，都一清二楚。

——中国快递协会副会长 达瓦

或许，这正是粤商帮的集体名片——做事不张扬、低调务实、吃苦耐劳，就像生长在温润的深广大地上的一株株敏锐的含羞草，看似微小，却是天气变化的晴雨表。

——广东来裕集团董事长 黄松辉

物流企业的发展，中国快递企业的发展就在于它的标准化，这也是现在大部分物流企业最大的问题。所以在顺丰成功的原因中，最重要的就是服务的标准。一开始它就建立了直营的形式，一开始定的标准就比较高，尽管现在看它的价格在民营快递类是稍高的，但是其服务也是最好的。

——北京铁力发供应链公司总经理 胡光泽

现在，顺丰的收派员和企业是分配关系，不是劳务上下级关系。这就是王卫聪明的地方，当年收权，他没有全收。当时是加盟老板不听话，他把老板收了，老板底下的员工我就容忍你，只要你听我话就行了，歪打正着了。

——原宅急送总裁 陈平

我想要放下。我这个岁数，身体才是第一位的，我不想那么累。我也不理解王卫为什么要把自己搞得那么累。前几天我在广州开会还见到他，他看起来很憔悴，听说他喝很多中药。

——申通快递有限公司董事长 陈德军

顺丰一定会成为中国的联邦快递（FedEx），这是不可避免的，你想阻止也阻止不了。它10年之内会买100架飞机，在全国机场周围他已布局节点了。凭据这两项，已经没有第二家可以跟他比拼了。跟王卫领导下的顺丰合作，我充满信心和信任。

——顺丰合作伙伴宝新物流公司董事长 向风豪

王卫都如此低调，我们最好不要出来抛头露面。出来说多了，不管是经验还是困难，但最终的压力会施加到公司内部，与其这样，不如脚踏实地地干，这样心里踏实。

——顺丰某高层谈低调

本来打算干两个月就走人的，可是看了王卫在顺丰内部发的论文文章，我打算在顺丰待下来。我觉得老板是个干大事的人。

——2003年的大学生，现为顺丰北京区营运部门某高级经理

作者序

顺丰速运集团创始人与总裁王卫，一个发迹于街巷民营快递企业的舵手；一个一举一动都会引发同行业关注的人；一个能让社会各界人心存敬意的人；一个在同事与属下员工眼里始终如一的领导者；一个能给奋斗中的年轻人正能量的人，他的奋斗历程告诉我们："没有翅膀，但是只要执著地奔跑，就可以实现飞翔的梦想……"

《没有翅膀，就要努力奔跑》一书介绍了王卫创办顺丰快递并将其做大做强的艰辛历程，也介绍了中国快递业发展的总体进程和模式，如果本书能对快递行业、物流行业、电商行业以及各业怀有持久梦想的人以积极的激励和推动的话，那么本书的写作目的也就达到了。

在编写《没有翅膀，就要努力奔跑》的过程中，为了使读者能更好地了解和掌握物流领域的基本知识，更新对物流行业的认知，作者特意选择了一些贴近事实、贴近生活的素材，为读者呈现了顺丰速运体系建立的过程，其中既有王卫丰富的创业实践，同时也有真实的励志故事。

事实上，出于对顺丰创始人王卫的了解和崇敬，创作伊始，我的心中便有一种强烈的使命感，那就是把这本书当作一个充满正能量的励志故事来传播，让更多的有志青年能够领悟到创业的艰辛，了解物流行业的发展历程。

作为一名物流行业研究者，能够编写一本关于物流领域创业实践与励志的图书，于社会而言是一件向广大读者传递物流行业正能量的雅事；于个人而言也是为物流行业做了一点力所能及的事情。

近年来顺丰速运发展得风生水起，同时也引起了同行业以及社会各界的关注。作为一个了解顺丰发展历程的物流业研究者，我真心地感觉到顺丰发展的不易、王卫创业的艰难，我由衷地为顺丰叫好，为王卫喝彩。我认为王卫创立顺丰速运的艰难历程，至少可以在以下三方面给其他企业以启示：

第一个方面，想要创业成功就要付出非凡的努力。大多数创业者之所以会失败，是因为他们只是抱着尝试的心态去做，一开始就没有必胜的信心，所以一旦遇到挫折他们就倒下了。为什么有的人明明知道可能遭遇失败而又为之呢？这是因为他们对事业、对成功抱有强烈的渴望和坚定的信心。创业是把梦想变成现实的一个艰难又美好的途径，多数人是激情有余，毅力不足。创业获得的成功不是用钱堆出来的，也不是靠口号喊出来的，而是在实战中做出来的。所以创业者最好多一份理智，少一份冲动；多一份努力，少一份幻想。现在创业的人虽然大多有理论，但是缺乏实践；虽然有想法，但是缺乏具体实施之法。

第二个方面，企业要发展，自主创新必不可少。企业从小到大、从弱变强本身就是一个蜕变的过程，在这个过程中，任何企业都需要技术创新、产品创新、管理创新，唯有在创新中不停地摸索、在创新中寻找出路，企业才能从平凡走向优秀、从优秀走向超群。顺丰的发展过程就是一个发展模式不断创新的过程，这个过程很值得其他企业借鉴和学习。

第三个方面，无论企业发展到何种程度，企业领导者都应当不断加强自身修养，只有这样，一个企业的领导者才能增强企业员工对企业的忠诚度和信任度。

纵观国内物流与快递行业，企业领导者为数众多，但有相当多的领导者在企业规模大一点、效益好一点的时候，就变得不可一世、追求享乐。相比较而言，作为顺丰的掌门人，在全公司人数多达10万，自己又以237.9亿元人民币的巨额财富位居2013年福布斯中国富豪榜第22位的成就面前，王卫始终以低调做人，踏实做事，不自诩不狂妄的心态出现在公众面前。

此外，我认为这本《没有翅膀，就要努力奔跑：顺丰快递创始人王卫的12堂创业励志课》对于物流与快递行业的意义，不仅在于激发该行业内企业和企业家不断追求发展创新的热情，还在于推动整个行业逐步不断探索可持续发展的新型模式。王卫及顺丰快递的成长故事，不仅会让更多的创业者和企业家开始思索自我修炼，更能促使他们积极地探索企业发展的新模式和新方向，为整个物流行业的创新发展寻找更好的模式；同时也能激励其他行业的创业者和从业者们不断思索所在行业未来的发展方向和出路。

如果本书能够给读者一些启迪和激励，那便是作者最大的欣慰。愿在社会各行各业中有越来越多的人能够领悟并发扬王卫的创业精神和激情，并最终实现创业梦想。

是为序。

作者　李芏巍

前　言

在中国，有这样一家公司：拥有38家直属分公司、3个分拨中心、近100个中转场、2500多个基层营业网点；此外，还在中国香港、澳门、台湾以及韩国、新加坡都设立了网点，或者开通业务……然而谈及这家公司的创始人，人们却少有耳闻。

这家公司就是顺丰速运。提起顺丰，人们很难将它和什么名人或是盛况联系到一起。提起EMS，我们会不由自主地想起刘翔迈开双腿奋力奔跑的场景；提起联邦快递，中国羽毛球队集体出镜的画面会立刻浮现在我们的脑海中。原因在于顺丰从不做广告。其低调处世的态度并没有使人们淡忘它，相反，有越来越多的人想要对顺丰一探究竟。

事实上，顺丰的这种低调沿袭自其创始人王卫。作为员工人数多达10万、年销售额高达200亿，市场份额仅次于中国邮政的顺丰速运，其掌门人王卫一贯以低调示人。谈及顺丰的崛起，他也只是淡淡地说了句："因缘际会吧。"这就是王卫，一个创业时拼命"奔跑"的真汉子，在顺丰功成名就之时却依然保持其原有的低调和沉稳。他很少接受外界采访，甚至在入选"2012年中国经济年度人物"之时，他也没有给媒体任何采访和拍照的机会。

即便如此，人们对顺丰和其创始人王卫的好奇心丝毫未减少，其原因就在于顺丰惊人的发展速度和远超其他国内快递公司的销售业绩。在电商大亨强势介入快递行业，以及国际快递巨头蠢蠢欲动的当下，顺丰依然以强劲的发展势头领跑中国快递行业。马云曾公开表示：“10年以后最成功的物流公司一定不是今天排在前十名的。”这似乎预示着物流行业的重新洗牌。而业界专业人士更是声称，根据美国的经验，未来只会有5家物流公司生存下来。几乎所有人都深信，顺丰一定是其中之一。

2013年8月19日，顺丰速运集团迈出了“颠覆性”的一步，宣布将其旗下不超过25%的股份出让给贴着“国字号”标签的苏州元禾控股、招商局集团和中信资本。“不上市”的顺丰正式成为“国家队”的一员。这一融资消息引发众人的无限遐想，也使得王卫以及顺丰集团成为了物流行业的焦点。面对人们炽热、渴求的目光，王卫依然没有露面，婉拒了媒体的采访。

那么，王卫究竟是怎样的一个人呢？20年前他以10万元起家，如今顺丰年营业额高达几百亿，自有货机11架；他愿与员工分享利润，有些顺丰的一线员工月薪上万；他一直在创新，三月没创新会觉得危机四伏；他每天工作15～16小时，是名副其实的工作狂；他是典型的实干派，每年都会定期下基层；他低调、内敛，员工很少有人认识他；他强势、霸权，100%掌控顺丰；他胆大敢拼，先后9次抵押家产……

他是一个让媒体趋之若鹜的企业舵手；是一个一举一动都会引发同行关注又让人心存敬意的强大对手；是一个同事眼中专注的领导者；是一个能让奋斗中的年轻人汲取正能量的创业榜样。

在中国快递业，我之所以视顺丰为难以逾越的标杆，并不是因为我与王卫及顺丰有何私交，而在于王卫自创办顺丰以来所表现出的令人肃然起敬的精神力量和永不言弃的执着打动了我，同时也让我认识到，在中国，甚至是世界上，唯有像王卫一样“没有翅膀、就努力奔跑”的人才可能逾越原本看似无法跨越的障碍，才可能获得自己想要的成功，才可能成为一个行业的领头羊，才可能成为值得世人效仿和学习的榜样，才可能具备对他人、对社会产生巨大影响的力量。

目　录

Part3 像毛细血管一样完成商业渗透

Part4 做顺丰为了什么

Part5 做企业，不要背心关法

Part6 最好的服务，内生而外化

Part7 利行同事：让最好的员工最快地成长

Part8 干快递，要让体力活生出智慧

Part9 危机关：经营最可怕的在于不懂收

Part10 航空关：财富要为服务让路

Part11 零售关：越逼近答案的地方越迷离

Part12 电商关：事业群须随势繁衍

Part 1
一个离我们很近又很远的物流掌门

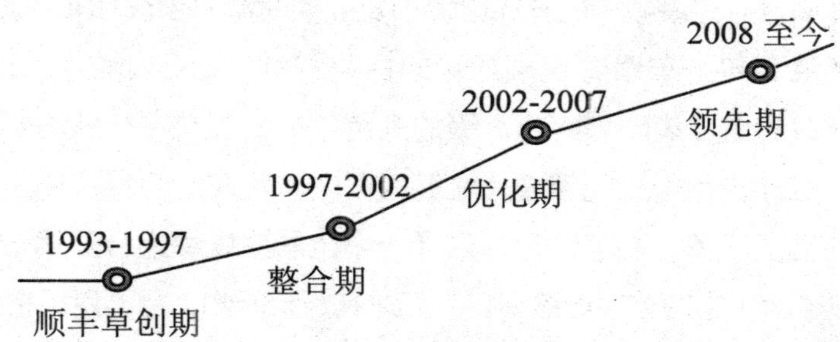

同样画画，有人一辈子为画匠，有人却是画家。

——王　卫

谜一样的操盘手：心水静，世象真

北京空港物流园的中央坐落着顺丰速运的四层办公楼。这里是顺丰在整个华北地区的中转场，全封闭式管理、不许外人入内。办公楼对面，是全球顶级的物流公司TNT，而在办公楼顶层的一个神秘房间，布满了整齐划一的黑白屏幕，监控着顺丰的仓库收发信息、实时派件情况和车辆运行状态。

黑色面包小车烙着规规矩矩的白色“SF”游走于各大城市的每一个角落，灰白的信件袋印着红色点缀的黑色“SF”裹挟在行色匆匆的快递员的腋窝下。这样的色彩呈现带着公文般的保守与严肃，使得快递员像在执行不为人知的机密任务。顺丰速运，这样一个位居中国快递行业第一梯队的民营企业，似乎除了它的首字母缩写，人们对其一无所知，更不用提它的掌门人了。

正如顺丰给人们带来的直观感受一样，关于王卫的关键词里，除了顺丰速运集团总裁，绝对少不了“神秘”二字。这个数十万“工蚁”兵团的领军人物，这个高中学历的物流大佬，这个沉默寡言而为公益骑行天下的商界富豪，留给大众的除了为数不多的几次采访以及顺丰内刊《沟通》上的模糊侧脸，剩下的只有空白。所以，几乎每个人都在寻找他。香港狗仔蹲点守候只为一睹真容，投资人开价50万只为共进晚餐，花旗银行豪掷1000万只求一个与之相见的机会，甚至连“创业教父”马云也曾多次约见他。

然而，王卫和他的顺丰大军一如既往地低调。王卫从来不做广告，顺丰从来不请代言，以至于其在武汉布局陆运中心之时，没有任何相关报道，甚至连政府部门也少有耳闻。最尴尬的是，当顺丰已在深圳福田风生水起的时候，深圳市领导竟然还不知道当地存在这样的行业龙头，直到在国家邮政部会议上偶然获悉。

屈指可数的几次曝光中，这个衣着简单朴素的男人有着典型的粤式面格：颧骨突出，脸庞瘦弱，中等身材，大众发型。这些随处可见的外貌特征让王卫显得毫不起眼，然而那双冷峻的双眼却仿佛在迫不及待地抗议：我是一个有故事的男人。

或许，这只是粤商帮的集体名片——其貌不扬、低调务实、吃苦耐劳，就像生长在温润的深广大地上的一株株敏锐的含羞草，看似微小，却是天气变化的晴雨表。在广东街头，也许一个身着背心短裤，脚踩人字拖鞋，提着简易塑料袋的普通百姓就是胡润榜上的超级富豪。“高调做事、低调做人”的粤商帮似乎习惯隐身于世，这与“财不外露、树大招风”的粤派文化不无关系。美的集团掌门人何享健奉行的是“只做不说、埋头苦干”，他极其低调，行踪神秘，远离公众；立白集团董事长陈凯旋永远衣着简单朴素、生活节俭清淡；聚龙集团董事长梁伯强更是名不见经传，但他的“指甲钳”则是当之无愧的行业霸主，拥有全球第三的市场份额，年销售额突破2亿元。

这样的文化气场不仅孕育了王卫的低调，同时也铸造出他的独特风骨——慎言。顺丰创业之初，正是快递巨头和中国邮政的激战期。而顺丰当时的主要业务是文件或者单据的派送，这对中国邮政来说无疑是一个不小的冲击。为此，顺丰没少遭受追堵与搜查。不像其他快递老总，王卫从来不争辩，也不计较，只是默默地缴纳罚金。据说，有一次顺丰的罚款额高达500万元。然而，王卫对内部员工如是说：“没有邮政，也就没有顺丰”。有人说，这只是民营企业在夹缝中生存的可悲姿态。在中国邮政与快递民营企业这部冗长的“Tom and Jerry”剧集中，王卫不得不如此。

这位谜一样的中年男人在乎的不是金钱，亦不是出镜，他拥有一种真正的专注，专注物流，别无旁骛。王卫曾说："同样画画，有人一辈子为画匠，有人却是画家。"毫无疑问，他要做的不仅仅是一名将21万节点穿插在无序物流线条中的"画匠"，更是一名拥有独到战略眼光、冷静出击的"画家"。

王卫的身上似乎充满了矛盾：一个信奉佛教的人却疯狂地爱好越野和极限运动；一个沉默寡言的人却创办出绘声绘色的企业内刊，甚至仅仅用一篇言辞朴素的文章便打动了第一个加入顺丰的大学生；一个亿万富翁却将顺丰千千万万的"机械战警"视为"最可爱的人"。

也许正是这些"难以置信"成就了当年那个骑着摩托车穿梭于大街小巷的一线快递员，也许正是这些"自相矛盾"打造出一个迅雷不及掩耳的顺丰时速，也许正是这些"神秘面纱"凸显出一个庞大物流军团掌控者的专注。

凭什么让马云佩服

当一个平凡的收派员背着鼓鼓的快件包往返于深港之间的时候，一个小个子男人远在千里之外的杭州电子科技大学担任英语老师。谁也不会想到，他们一个成了快递巨头"顺丰速运"的掌门人，一个成了电商龙头"阿里巴巴"的控股者。王卫的深居简出和马云的高调布道格格不入，然而物流与电商的水乳交融注定了他们之间不可避免的交锋。

早在2003年的时候，马云就曾两次在香港约见王卫，希望顺丰能联手阿里巴巴。但是，当时的王卫忙于和申通、圆通等公司抢夺市场，一心只想在快递民营企业中杀出重围，根本无暇他顾。所以，王卫拒绝了马云的邀约。

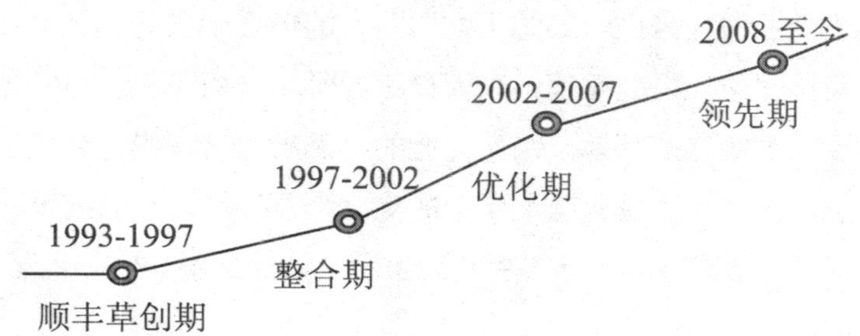

顺丰快递业务发展示意图

2008年，顺丰的发展势如破竹，市场份额位居全国第二。为了进一步拓展业务范围，王卫不得不重视越来越壮大的阿里巴巴。于是，他奔赴马云的基地杭州，希望能叩响双方合作的大门。有趣的是，这次，王卫遭到了马云的拒绝。当然，马云此举绝对不是出于报复，其真实原因在于，一方面阿里巴巴的强大让马云拥有足够拒绝王卫的底气；另一方面，王卫的顺德派模式并不符合马云的要求。

从拒绝、被拒绝，王卫和马云最后走向了竞争擂台。2011年，王卫开始将业务延伸到电子商务领域，采购、仓储和配送一网打尽，而马云则联合各大物流公司豪掷千金搭建中国智能骨干网（物流地网），成立菜鸟网络科技有限公司，企图统率物流大军。这足以让业界旁观者一身冷汗。

两人的步调似乎惊人的一致。2013年，马云将阿里巴巴5%的股份出让给拥有国资背景的国开金融、中国投资有限公司、中信资本和博裕资本等。之后，一向“埋头做事不愿上市”的王卫宣布将顺丰速运集团不超过25%的股份出让给同是国企平台的苏州元禾控股、招商局集团、中信资本。这似乎与顺丰一贯的保守谨慎作风大相径庭，更是与王卫坚持独立运营的理念背道而驰。但王卫有自己的态度：“不会为了上市而上市，为了圈钱而上市。”在他看来，此次融资完全是出于战略性的考虑，只是为了更好地拓展业务和优化管理模式，并不是为了圈钱。这样一来，在与马云的对抗中，王卫无疑拥有了一个全新的筹码。

商业战场上的针锋相对却并不妨碍两人的惺惺相惜。马云曾在公开场合表示，他最佩服的人是能管理十来万员工的顺丰老板王卫。事实上，快递远远不是收件、派件这么简单，快递行业的管理难度是业界公认的。原宅急送总裁陈平说过："管理快递这个平台的难度和复杂性，3天3夜都讲不完。"而快递物流咨询网首席顾问徐勇更是断言："即使拿出30亿，也无法在3年内砸出一个'顺丰'来。"

顺丰以惊人的速度创造出高达200亿的年销售额，并保持着同行中最低的服务投诉率与人员流动率。这样的荣耀无疑是王卫的出色管理手段的最佳代言。支撑物流的各种系统、技术以及机器隐于幕后，直面客户的是不确定性极高的快递员，一个快递员微小的情绪变化也许就会改变客户对整体服务的直观感受。而管理十几万学历较低、社会地位较低的快递员绝非易事，这就好比是指挥一个看不懂五线谱的庞大交响乐团，稍有差池，便会嘈杂聒噪、不堪入耳。

网上流传着对快递员的普遍评价："遇到一个好的快递员，那是你赚的；遇到态度恶劣的，请习惯。"或许这有些言过其实，却折射出整个快递行业的混乱局面。随着电子商务和物流的发展，快递公司纷纷利用"加盟商"来扩张版图，快递员的数量持续增长。而由于快递行业的门槛相对较低，一旦对人员管理不力，必然会造成信用危机、服务品质下降等一系列问题。公众的视线中时常出现某快递员制造假POS机从而盗取客户银行信息、某快递员利用公司物流运输假币等新闻报道，客户对快递员的不满与日俱增，媒体对快递员的负面报道层出不穷。此外，快递员责任感不强、服务意识淡薄、不受社会尊重等因素又加剧了这一恶性循环。

一般来说，快件从收件到成功抵达收货人，之间至少要经过6个人转手。这又进一步加重了管理的难度。凡客诚品旗下的如风达快递有限公司总经理李红义花费了足足3年的时间才稳定了1700人的快递团队。而王卫将10万顺丰军团管理得井井有条，除了依靠标准化、规范化的制度之外，绝对离不开其强大的掌控能力与领袖风范，难怪连"教父"马云也不得不佩服了。

顺丰是用命换来的

王卫，2013年福布斯中国富豪榜排名第22位，拥有237.9亿元巨额财富。如果要给他的财富加上一个注脚，那无疑是“最有钱的工作狂”。不管是创业初期还是称雄天下的如今，他每天都会保持15～16个小时的工作时间。日复一日的奔波劳累让这个中年男人看起来有些憔悴不安，他喝着中药，却已经改不掉长达20年的职业习惯了，就连同行对于他的这种行为也深深不解。申通快递有限公司董事长陈德军如是说：“我想要放下。我这个岁数，身体才是第一位的，我不想那么累。我也不理解王卫为什么要把自己搞得那么累。”

一直到现在，王卫仍然把自己当成一个普通的快递员。有一次，他甚至在早上8点抵达了顺丰在北京三元桥的中转点。没人过来和他打招呼，或许根本没人认识他。他一个人沉默而迅速地整理好快件，然后用黑色的掌上电脑（PDA）——顺丰“巴枪”（HHT）扫描快件上的条形码。也许有人会说，这只是管理者惯用的“故作姿态”。但是，对于王卫而言，对于顺丰而言，“拼命”似乎已经深深烙印在他们的皮肤、伤疤和骨头里了。

1996年顺丰创始之初，王卫的身边只有十几个员工。当时，顺丰的业务已经从深港货运延伸到国内快件，需求量呈爆炸式增长。王卫和他的顺丰，像一块干涸已久的沙漠，疯狂地吸收着雨水的滋养。

他们每天的任务就是“飞奔”。每天早晨天还未亮的时候，王卫就已从车上取下货物，背着塞得满满的快件包，骑着摩托车飞奔在城市的大街小巷里，一直到晚上十一二点才回家。据说，当时在送件的时候，有的员工翻烂了十几张地图；有的员工不幸遭遇车祸；有的员工高速飞车，快得来不及转弯。对顺丰的老员工来说，断胳膊断腿是常事，顺丰是用命换来的。

对于顺丰员工而言，这样的拼命换来的当然是丰厚的收入，20世纪90年代末，顺丰的部分快递员已经月薪过万了。对于顺丰自身而言，野蛮生长换来的无疑是一路远航。不久之后，在王卫的带领下，顺丰牢牢地抓住了珠三角的市场份额，并成功将顺丰的业务模式延伸到长三角地区，进而扩展到华中、西南、华北地区。

如今，顺丰的创业元老带着一身伤病一如既往地“拼命”，坚持奔波于一线市场，几十公斤重的货物搬上六楼也毫无怨言。而其他员工也秉承了顺丰初期的务实与坚韧。某一次，运货车在送件途中意外翻倒。当时，负责派件的两名快递员已经身负重伤。救护车赶来的时候，他们却拒绝离开现场，一直等到公司的救援人员前来接应，整理好快件，他们才被抬上了救护车。

顺丰人为何这么拼命？王卫在一次接受访问中道出了其中的因由：“一棵大树，露在外面的树干和树冠能否真正经历暴风雪，还是取决于它深入土壤的根系是否扎实和健康。我相信，只要公司内部先做好了，只要我们内部对顺丰的企业文化形成了一种信仰，那离外部对我们的信仰也就不远了。”

有信仰的人才会有动力。顺丰人的信仰就是王卫创造的企业文化——“拼命”，基于刻苦精神形成的“拼命”文化正是顺丰不断发展壮大的强劲动力。

“卖儿子”，不可能的事

顺丰在成立之初，并没有引起外人的注意，哪怕是垄断整个港澳与广东省快递业务时，依然不为人所知。不过顺丰能瞒过普通人，甚至同行，却躲不过海外私募股权投资和风险投资敏锐的嗅觉。甚至在1995年之前，就有海外资本在寻找王卫，希望能买下顺丰的全部股权，但是王卫完全不露面，跟投资人玩起了捉迷藏。有的投资人甚至开出高价，只为和王卫见一面，依然没有成功。

其中，国际快递巨头荷兰天地快运（TNT）盛传早在1995年就曾与王卫接触过，不过最终的结局也是被拒绝。TNT为了配合进入中国快递市场的需求，退而求其次，最终在1995年收购了华宇物流。华宇物流在当时也是国内顶尖的陆路运输公司，TNT通过对华宇物流的收购，轻而易举地获得了1000多条运输路线，17万家客户。但TNT最初的选择是顺丰，足可见顺丰的潜力。不过因为双方都没有回应，此事并没有确凿的证据。

进入2000年后，顺丰进入发展高峰期，前来寻找王卫的投资人更是络绎不绝。王卫依然如一棵咬定青山的劲松，硬是全部拒绝。2003年，另一家快递巨头联邦快递（FedEx）也看上了顺丰速运，出资高达五六十亿进行收购，而当时的顺丰年利润不过十多亿，王卫依然没有接受收购。最终（FedEx）寻找到了大田集团。大田集团是集海陆空物流于一体的综合物流集团，（FedEx）因此获得了大田集团覆盖全国接近600个城市的运输网络。

进入2007年，国际快递企业的资源整合行动进入高峰期，美国联合包裹（UPS）也开始大规模地加速中国快递网络建设，给国内民营快递企业施压。同时嘉里大通（国内最早的合资国际货运代理企业）也积极铺设国内的公路物流网络，而国内传统的快递企业，为了加快发展脚步，则开始了大规模的并购行动。申通快递也随着快递行业的脚步，收购了海航旗下的天天快递。所有以物流或者快递为主营业务的企业，均开始向着大物流方向前进，很少有企业拒绝变，拒绝进入大物流行业，但是顺丰依然没有改变，硬得有点不合群，像块石头。

王卫领导下的顺丰不仅拒绝并购，甚至在进入大物流这一集体活动上也表现得相当不积极。在拒绝外资收购，甚至入股这一事情上，王卫有着多方面的考量：首先王卫在感情上就不太能接受，顺丰由他辛辛苦苦一手营造，他对顺丰完全有种父亲对于孩子的感情，卖掉的话，心里的坎难以迈过去；其次是王卫认为顺丰在未来依然有强劲的发展动力，内地的快递市场也还有很大的发展空间，外资所开出的价码，完全低估了顺丰和未来顺丰的价值；再者，王卫始终存在一种朴素的爱国情怀，认为顺丰是民营快递的骄傲和标杆，他不希望为了钱而失去这一宝贵的品牌。

王卫做生意除了钱还有更多的目的。在2011年7月的顺丰内部讲话中，王卫说出了钱之外的目的："每个人都有自己经营企业的目的，可能随着企业的发展，这个目的还会发生变化。就我个人而言，经营企业的目的可能有点理想化，不完全是为赚钱，顺丰的愿景是成为最值得信赖和尊重的公司。我们不追求行业排名，也不求一定要做到多大，而是希望我们的人和经营行为都能被社会信赖和尊重。

"我觉得企业跟人一样，如果能有一些理想，做事的态度和结果可能会完全不同。就好像为赚钱而画画的人，同只求温饱、为追求艺术而画的人相比，画画的方式和最后出来的作品肯定不一样。有艺术追求，就会有执着，它会推动你不断给自己挑毛病，不断改进。所以我总觉得，企业要想取得长远发展，还是要有一点艺术家气质。而营业额可能是水到渠成的事。"

至于企业扩展业务，进入所谓的大物流行业，王卫也认为目前的顺丰业务足够他去发展，依然还有很多可以提升的地方。正所谓贪多嚼不烂，贵精不贵多。快递业务作为主营业务，踏实做好这一项业务，完全可以做到最出色，并赢得人们的信赖。甚至从顺丰进入全国发展阶段以后，就可以隐约看出王卫的目标，他很少参与国内民营企业的争论，只是一步步地按照自己的规划，带领顺丰走向全球。其实谁都能看出，王卫并没有把"四通一达"（申通、圆通、中通、汇通以及韵达）作为竞争对手，他心里真正的对手是国际四大快递巨头（德国敦豪DHL、美国联邦快递FedEx、美国联合包裹UPS

以及荷兰天地快运TNT）。

为了实现自己内心的这一目标，王卫自然不会把顺丰拱手相让，哪怕是外资投资，他都难以接受。在王卫看来，任何外资的注入，都会导致顺丰的决策层受到外资影响，进而影响到他做决定时的独立性。

如今国内快递市场尚在起步阶段，依然还有巨大的市场可以开发，而且顺丰已经顺利成为民营快递企业的龙头老大。王卫40岁出头，正是年富力强的时候，心中有抱负的王卫理所当然地更希望建立起新的快递王国，让顺丰快递成为像国际快递巨头一样的百年企业。

【延伸阅读】

》谈低调：赚到钱只是因缘际会

《羊城晚报》：这是您第一次接受媒体专访？

王卫：是的，这是我第一次直接面对媒体，今天豁出去了，我能说的，一定言无不尽，但还是不要拍照。我总是站在旁边的那一个，习惯了享受低调的生活，做一个平常的老百姓，一个凡人很舒服，没有威胁。

《羊城晚报》：这就是您保持低调作风的原因吗？

王卫：我信佛，我认为，人的成就和本事是没有关系的，成就与福报有关系，所以有钱没有什么了不起的，拥有本事也没有什么了不起，赚到钱只是因缘际会而已。所以我认为，个人事业上的一些成绩不值得渲染。

——节选自2011年10月25日王卫接受《羊城晚报》专访：赚到钱只是因缘际会

Part 2
战略为王：顺丰崛起的密码

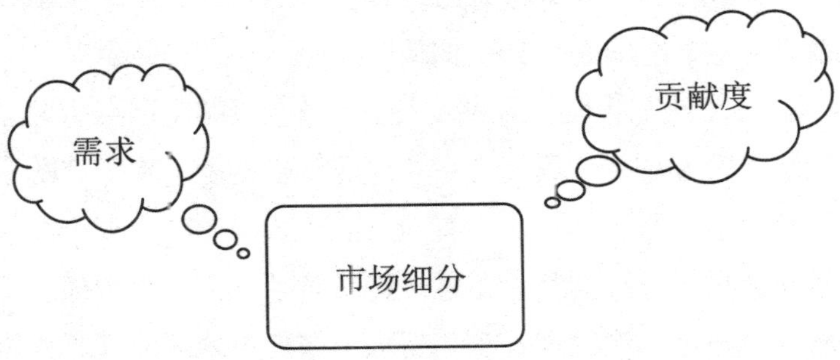

要做基业长青的企业，就要有远大的远景，要为未来进行大胆的投入、大量的投入。

——王　卫

滚雪球甜头：王卫放手，后院起火

随着改革开放的深入，民营企业在1995年前后进入了高速发展的井喷时期。大量新成立的公司带动了快递行业，大大小小的快递公司如雨后春笋般冒出来，其中，广东的珠三角一带、上海附近的长三角经济区和以北京为中心的环渤海湾经济带最多。而顺丰在王卫的带领下，成功地控制了整个华南地区的快递业务。1996年，已经稳住“老巢”广东的王卫，按捺不住内心的激情，决定走出华南，走向全国。

王卫计划先从长三角地区入手，进而将顺丰网点撒遍全国。当时华东地区的快递行业形势，远比珠三角地区复杂得多，除了“四通一达”已经在各自的地盘上经营了多年，还有大量的街头快递公司和夫妻作坊式快递公司，整个快递市场一片混乱。不过，这也给了王卫“浑水摸鱼”的好机会，为了能够快速抢占一席之地，王卫将顺丰在广东地区的模式复制到华东。但是不久王卫就发现，由于市场太大，顺丰本身的资金根本不足以在短时间内成立大量营业点，为了能够在短时间内布下足够多的网点，顺丰和当时的“四通一达”一样，采用了加盟模式来迅速扩大企业规模。

顺丰在长三角地区每设立一个网点，就成立一个公司，由各地的顺丰速运公司组建成顺丰的快递网络，这种情况一直持续到2002年，在此之前的顺丰只有各个地区的分公司，没有总部，分公司完全由加盟商独立经营。王卫依靠这种相对简单的加盟式合作，成功打入华东快递市场。

滚雪球式的加盟营销方式让顺丰在华东地区迅速布下了大量的营业点，而且还省去不少开销，王卫尝到了不少甜头。之后的两三年里，王卫更是以华东地区为前哨站，将顺丰推向华中、华北地区，此时的顺丰步入了高速扩张的发展时期。为了铺设更为广阔的快递网络，王卫将利润的大部分投入到扩大规模中去，同时还制定了一系列适用全国的快递标准，以此来更好地管理顺丰。最终在王卫的带领下，顺丰成为民营快递企业中的巨头。

在1999年之后，顺丰就已进入稳固增长期，忙碌了几年的王卫决定给自己好好放个假，在2002年之前，王卫几乎完全淡出了顺丰的日常管理工作。在私生活方面，王卫身上有着典型的粤商风格：顾家、低调、信佛。在相对空闲的这3年里，王卫每天与妻子过着逍遥自在的生活，一起爬山、钓鱼等，闲暇时间喝喝茶；出门也是不修边幅，随便穿着一件朴素的衬衣，反正也没有人认识他是谁。受佛教文化的影响，王卫性格有淡泊的一面，他从不抽烟、喝酒，而且也很少说话，唯一比较像年轻人爱好的，就是骑山地自行车了。有空时，王卫会和自行车友们一起玩高山速降车运动。那几年王卫过得像个隐士，不仅公众没有他的任何消息，甚至连顺丰员工都很少遇到王卫。

不过王卫也并非将顺丰完全交由公司的管理团队管理，在游玩放松之余，他对顺丰发展过程中的重大问题还是相当关注的，尤其是涉及顺丰信誉的事情他总是格外重视，毕竟那是他亲手一点一滴攒起来的。在顺丰发展壮大的过程中，有关顺丰的负面消息也不可避免地随之而来，多是一些顺丰暴力分拣等服务上的问题。

面对这种情况，顺丰能做的就是有则改之无则加勉，尽量不给别人留下口实。王卫为提高顺丰的整体服务质量，制定了更为精细的企业操作规章制度。原本以为可以解决问题的王卫，在此之后依然经常听到关于顺丰的负面新闻，他决定认真查找到底是哪个环节出了问题。很快，王卫就发现，问题的根源不是他制定的规则不够详细，而是下面一些营业点加盟商为了保证一定的快递分拣速度，尤其是快件在比较集中的中转场，负责分拣的员工根本不会执行所谓的操作规范。

在多次强调无效之后，王卫开始思考顺丰的管理模式。他对比了国际上的一些快递巨头，很快就发现：全球四大快递企业全是采用直营模式，而顺丰采用的是加盟营销模式。

企业在发展初期，为了能够尽快地扩大市场规模，占据更多的市场份额，加盟营销模式是最好的选择，因为这种方式的成本远低于直营模式，顺丰初期也的确依靠这种方法才能在资金不足的情况下，快速走向全国。

不过，加盟营销模式的劣势也是相当明显的。由于各加盟商自主拥有顺丰的经营点，根本就是顺丰帝国里一个个独立的小王国，虽然顺丰有统一的规章制度，但是加盟商为了自身的利益，并不顾及顺丰这块招牌的长远利益。因此，一些加盟商为了提高效率，暴力分拣是相当常见的。其次还有加盟商在顺丰的运输车上夹带自己接的私货，以牟取更多的利益，而顺丰主要服务于中高端客户，这类客户大多更注重快递的服务质量和速度，夹带一些低端大体积私货，必然会导致快递延时、破损等问题。更有甚者，一些加盟商利用顺丰的招牌经营多年，不仅在下面俨然一个小诸侯国，最后更是直接挖走顺丰的客户，另立山头去了。这一系列问题都值得王卫去思考。

管理上的问题日益严重，大量的负面新闻缠在顺丰身上，产生的后果就是客户对顺丰感到失望，而快递行业是个非常需要客户忠诚度的行业，一旦得罪客户一次，客户可能再也不会选择顺丰。眼看着顺丰一步步地走向混乱与崩溃，王卫再也坐不住了，经过深思熟虑之后，他开始重新掌控顺丰，着手解决顺丰的弊病。

天堂与地狱的抉择：强硬直营

面对管理上的乱局，王卫面前只有3条路可以选择：第一条路最缓和，那就是继续保持加盟营销模式，在此基础上，增加一些有效的奖惩管理措施，譬如末位淘汰制度，以此清除一些完全不符合顺丰要求的加盟商，达到杀鸡儆猴的效果，同行业内其他快递企业基本都是采用这种方法来管理加盟商；第二条路相对折中，既保持加盟营销模式，也在部分营业点采用直营模式，尤其是一些中心城市的中心中转场，这相当于卡住整个快递网络的咽喉，其他地区的加盟商自然能够受制于总部，这种方法直到今天依然被一些业内领先的民营快递公司所采用；最后一条路则是王卫走的路，一条至今只有他敢走的路——全面直营化。

对于一家快递企业来说，可以有一万个理由支持直营化，譬如便于标准化管理，易于提高整体服务质量，方便总部整合快递网络，统一配货和运输，等等。直营化是快递企业发展到成熟期最好的选择，从国际快递几大巨头全都选择直营化就可以看到快递业未来的发展趋势。从理论上讲，直营化唯一的缺点就是需要消耗大量资金。顺丰初期王卫是没钱，而对于1999年的王卫来说，钱已经不是太大的问题，资金方面完全具备变革的条件。

不过，王卫在采取行动之前也并非没有犹豫，毕竟国内还没有全直营式的快递公司。而且，虽然当时加盟商给顺丰带来了不少麻烦，但王卫也由此体验着顺丰高速扩张带来的快感，一旦变革，顺丰的规模扩张将不可避免地慢下来。最大的难题就是要说服大量顺丰在各地的加盟商们，让他们变身为职业经理人，而非顺丰营业点的所有人。

这其中的困难也很好理解。中国人的思维是“宁做鸡头，不做凤尾”，每个顺丰营业点虽小，但是每个加盟商都是自己说了算，拥有完全的自由，基本不受顺丰总部的任何限制，而一旦转换身份，作为职业经理人，那就只是千千万万个顺丰营业点经理人中的一位，而且受到严格的公司制度、审核制度的约束，还要面临被开除等危险，这是每个加盟商都不愿意面对的结果，尤其是感情方面难以接受。其次是直营化严重损害了部分加盟商的利益。如果没有直营化，有着自决权的加盟商完全可以在运输过程中夹带私货以赚取外快，但一旦顺丰实现直营化，就是绝无可能的事情了。这部分利益严格说起来并不正当，但不管怎么说，面对一个获利的机会，没有多少人愿意白白将它放弃掉。

尽管有着种种难题，但为了顺丰的长远利益，王卫决定变革。王卫首先在2002年于深圳建立了顺丰的公司总部，以此为改革的开端，进而开始全面改革顺丰的运营模式。意料之中，王卫的改革措施遭到大小加盟商的强烈反对。王卫的应对方法是刚柔并济，一方面强制要求各加盟商将股份卖给他，另一方面对于加盟商转型为经理人以后的福利待遇，给得相当丰厚。王卫的改革从广东开始，逐渐推广到全国。由于在广东经营多年，所以虽然困难重重，好歹还是比较顺利地拿下了，而在广东以外的地区，加盟商们的反抗要激烈得多，不仅如此，同一地区的加盟商还拉帮结派反抗王卫前来“收编”。但是，王卫依然强行推行他的改革政策，在此期间，他受到了部分加盟商的含有警告意味的生命安全威胁。

到了这一步，一般人早已收手了，自身和家人的生命安全毕竟是更重要的。就拿“四通一达”来说，有远见的快递领导人不止王卫一位，而且直营化的优势也是相当明显的，可是为什么“四通一达”会变革失败，甚至连尝试变革的勇气都没有？想来与这些因触动他人“利益”造成的危险不无干系。至于王卫为何敢强力推行变革，其性格的影响非常明显：首先广东人做生意向来是敢为天下先，只要是对的事情，肯定会尝试；其次王卫虽然平时性格淡泊，但是极为喜爱极限自行车运动，他甚至还说过自己的第一职业是山地自行车，第二职业才是快递，哪怕身上为这项危险的运动打上了钢钉，依然不减热情，可见王卫性格中冒险和硬朗的一面。

这些性格特质都让王卫在面对困难时毫不退却，哪怕是遭遇威胁生命的恐吓也决不退缩。王卫冷酷地推行着他的改革，到了后期还剩下一些“钉子户”，王卫甚至开出类似最后通牒的通知，要求在截止日期前，要么把公司股份卖给他，要么就滚出顺丰。王卫的强势改革，给他带来了杀身之祸，一些加盟商为了一己私利，竟找人追杀王卫。现在的王卫无论去哪身边总会有几个彪形大汉保护，可见当年的事情给他留下的阴影。

在扛过最艰难的一段日子后，一些持观望态度的加盟商也最终放弃了抵抗，王卫用了6年时间，直到2008年才完成全国顺丰营业点的直营化过程，成为我国唯一一家完全直营化的快递企业。

虽然直营化过程中王卫遇到了各种各样的困难，甚至差点为此丧命，但完成直营化的好处显然也是难以估量的。首先是王卫在顺丰员工中树立了无上的威信，自此之后，再也没有人敢违背王卫定下的规章制度，王卫在管理整个顺丰时得心应手。其次就是顺丰在未来中国快递市场的竞争中，将拥有巨大的优势，如果不出意外的话，在未来的民营快递企业中，顺丰必将成为行业巨头。

直营下的集权式管理

在“四通一达”中，申通快递的发展势头和市场份额都不错，能够站出来和顺丰PK一下。申通是江浙沪地区的快递小霸王，与另外的“三通一达”相比，申通在服务质量和速度，以及业务的多元化上都占有相当的优势。

和顺丰相比，申通快递价格便宜，具有一定的优势，当时，如果从北京往上海寄一个普通快件，顺丰需要22元，申通只需要16元。国际快件的价格差距则会更大，北京发往新加坡的普通快件，顺丰价格为140元，申通价格只有50元。

在低价优势之下，申通的营业额超过了顺丰：2006年的营业额为36亿元，比顺丰的营业额多8亿元。不过，企业发展如同跑马拉松，下一个路口就可能被别人赶超。2010年，申通营业额为80亿，比顺丰的营业额少了50亿。申通被赶超，甚至和顺丰的差距越拉越大的根本原因是服务水平上的差距。

服务水平好与不好谁说了算？当然是客户，更通俗地说就是客户用了你家的快递心情好不好。影响客户心情的因素中最重要的是快递速度。顺丰快递有自己的专属运货飞机，他们向客户承诺，今天寄出快速，明天就能收到，地方较偏的延长一天；大部分申通快递则要隔一天才能到达。除了快递的寄送速度，快递员的上门取货速度以及服务态度等也会影响客户的心情，在这方面，申通收到的投诉要远远多过顺丰。

虽然申通的低价吸引了一部分客户，但并不能因此胜过顺丰，因为服务水平的高质量才是取胜的关键。从快递行业的统计来看，不管是投诉率还是业务种类，不管是快件的安全度还是增值服务，申通都略输顺丰。两家快递公司服务水平上的差距，根源在于运营体制的不同，申通的加盟式输给了顺丰的直营式。

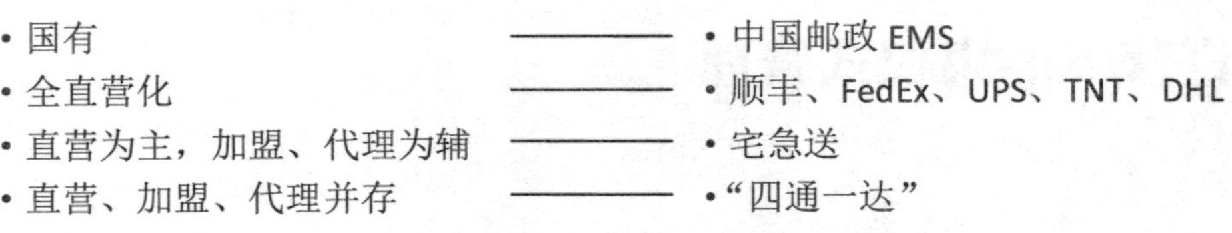

经营模式对比图

加盟模式，是指加盟总公司与加盟店之间是合约关系，共同管理一个品牌。但是，他们各自独立负责自己的经营，最终将盈利按照合约规定的比例来分配。在分割利益的同时，加盟商也需要在前期投入一定比例的资金，这在一定程度上可以降低双方的投资风险。与之对应的，各自经营决定了资本的集中程度较低，总公司很难管控加盟商的运营和管理，难以建立统一、高标准的品牌服务水平。

快递公司的加盟式运营也难逃这样的问题。快递总公司向外发布的是一次性的指令，也就是一次性付出到达的费用送到某城市的某个区。加盟后，一个城市的不同区之间是不同的加盟商，快件并不能一次性到达指定区域，而是要经过几次中转，这就增加了很多费用，这个费用需要加盟商自己承担。

于是，快递业出现了加盟商要免费给总公司派送快件的情况，这就意味着加盟总公司和加盟商之间的利益分配不均匀。很多加盟商因此要求补偿，不然就以扣件作为要挟，还有的是向客户收取一笔“转嫁费”，作为转区的补偿。经常有客户很久没有收到快件，打电话咨询，得到的答复就是“您的快件不属于我们区，转到您所在的县需要额外支付一笔转嫁费”。很多人为了拿到自己的东西，只得忍气吞声地为这种转嫁埋单。

利益分配出现问题后，客户那里的末端服务质量必然得不到保障，这也是很多快递员服务质量很差，还不怕被投诉的原因。

国内几个较大较知名的快递公司中，只有EMS和顺丰是直营式，其他的如“四通一达”都是加盟式的。这其中最有能力与顺丰PK的申通在其他方面都很有优势，但就是服务水平难以与顺丰抗衡。申通总部肯定想过要对此进行管控，但是被困于加盟的死穴之中，管理工作很难开展，于是总部成了消防队，接收客户的投诉就说几句好话救救火，却不能从根本上杜绝这种情况。

顺丰采用直营的模式，由王卫集中管理。王卫规定所有分公司统一听从总公司的安排，包括各项费用的调配、公司发展战略、员工招聘与解雇以及公司资源的运用，直营的方式避免了分公司与总公司间的利益冲突，保证相应的战略和规章能够落实到服务终端的每个人身上，保证了命令的快速传达，快递员由此能够熟练掌握标准规范的操作流程，逐渐锻炼出优秀的业务处理能力。

直营模式下，王卫设立了全国统一电话，拨打这个电话，不管你在哪个城市的哪个角落，一小时内一定会有顺丰员工上门服务，于是人们将顺丰戏称为“快递界的麦当劳”。

直营模式的好处显而易见，为何申通等业界能手依然使用加盟的方式呢？首先，直营需要相当雄厚的经济实力，一方面要用于创建覆盖面广的网络，另一方面用于管理。和王卫相比，其他公司的老总就没有这样的魄力。其次，王卫愿意投入大手笔做一件事情，这从顺丰员工的工资是业界平均水平的两三倍、王卫创业之初就投入大量的资金用于网络化运营的建设等方面就能看出。另外，直营模式需要一大批高水平的中高层管理人员。一般的快递公司为此开出的薪酬是十万，王卫开的价则是他们的一倍，最后谁能抢到高质量的管理层就不言而喻了。

差异化选靶：瞄准中高端市场

孙子说：“我专为一，敌分为十，是以十攻其一也，则我众而敌寡；能以众击寡者，则吾之所与战者约矣。”（《孙子兵法·虚实第六》）意思是说，我集中兵力为一处，敌分散兵力为十处，这就形成局部的以十攻一的态势，那么，我就兵力众多而敌人就兵力寡少了；能以众多兵力对付寡少兵力，与我交战的敌人就陷入困境了。

孙子分敌于十处，形成以多打少的局面，最终能获胜。对于企业而言，对市场进行细分，对客户需求进行细分，找到市场差异，专攻一处，和竞争对手拉开差距的概率就会更大，从而为自己赢得发展空间。

所谓市场细分，就是营销者通过市场调研，依据消费者的需要和欲望、购买行为和购买习惯等方面的差异，把某一产品的市场整体划分为若干消费者群的市场分类过程。每一个消费者群就是一个细分市场，每一个细分市场都是具有类似需求倾向的消费者构成的群体。

市场细分有很多标准，比如可以从年龄上来分，从经济能力上来分，从性别或者性格上来分，不同的市场就会有不同的产品需求，这种细分方式叫做区隔市场。比如按照性别将化妆品分为男性化妆品和女性化妆品市场。

随着人们的需求越来越多，市场竞争也越来越激烈，这时细分市场就要考虑到另一个因素——市场条件。在市场细分上最典型的例子就是宝洁公司，宝洁的区隔市场就是如洗衣粉、肥皂等不同产品。在人们的需求越来越多后，宝洁根据市场条件进一步细分。以市场细分的概念和效果最为明显的洗发水领域为例，海飞丝代表着去头屑，潘婷代表营养和健康发质，飘柔代表柔顺，沙宣代表专业与时尚，而伊卡璐代表了草本。

王卫在创业之初就将这种市场细分战略注入顺丰。2002年，快递就像是春天树上刚吐露的新芽，还很稚嫩，所以各快递公司在运营模式上都相互模仿，因为没有什么模式可以遵循，于是大家都是只要有快件就收。王卫对这方面的思考就显得很成熟，他研究市场情况和客户需求，并进行细分：中国国内的高端市场是四大国际快递的地盘，低端的同城速递不在考虑范围内，王卫选择中端客户群作为自己的业务范围。

区隔了市场之后，王卫又根据客户需求和贡献度对市场内部业务进行细分。

锁定了目标群体，王卫又制定出相应的服务项目和价格。在快递业务上，只接手商业文件和小件物品的派送，对于体积大重量高的大件物品，一单超过5000元的则不予理会。价格是一公斤20元，差不多是其他快递公司的一倍还多。

顺丰针对不同的客户也细分了服务项目，最基本的服务是下单、快件跟踪、理赔、投诉、建议和需求、网络以及短信服务；增值服务是指日常管理、物料直接配送、电子账单、客户自助服务、电子专刊、业务主动推荐以及积分主动兑换服务；专享服务是指分支机构集中付款、国内第三方支付、指定时间收派、赠送打印设备、绿色服务通道以及服务流程简化等。

随着业务的扩展，后来王卫将原有的客户划分进行了调整：以现有的客户为基础，排名在前的4%为大客户，包括项目客户和VIP客户；排名在大客户后面的15%为中端客户；中端客户之后的80%为普通客户；剩余的为流动客户。针对不同的客户群体，王卫制定了不同的服务，服务质量保证不打折，只是在营销策略和服务项目数量上有区别。

客户 维度	项目客户	VIP	中端客户	普通客户	流动客户
月贡献度	≥10万	1万～10万	2000～10000	300～2000	<300
服务需求	在增值服务的基础上提供专享服务	在标准服务的基础上提供专享服务	便捷、质量稳定的服务	便捷的服务	基本服务

一直到现在，王卫依然坚持这样的市场定位，也由此拉开了自己与其他快递公司的距离。凭借着精确的定位和明显的差异化，2010年顺丰赚到了130亿的利润，占快递市场份额的18%，仅次于国有快递EMS。对市场需求进行精准细分是顺丰能够从众多快递公司中脱颖而出的获胜之道。

2013年7月，王卫在顺丰内部讲话中肯定了当初差异化战略的成功，并亲自向外道出了他具体是如何实施这一战略的。王卫说道："顺丰能够走到今天，有一些和其他快递不一样的地方，那就是差异化的竞争策略。我们所提供的快递服务和自身的市场定位，与其他快递公司是不太一样的，并且我们能够让消费者很清楚地知道，顺丰所提供的服务和其他快递有什么不同。成功定位是一家公司能够取得成功的重要因素之一，而在快递行业，赢得口碑和市场满意度是相当重要的。”

从顺丰细分市场的差异化战略能够看出，企业如果能够先于竞争对手捕捉到有价值的细分新方法，通常就可以抢先获得持久的竞争优势，就可以比竞争对手更好地适应买方的真实需求。

四日件，客户领情了吗

联邦快递之父弗雷德·史密斯曾说：“想称霸市场，首先要让客户的心跟着你走，然后让客户的腰包跟着你走。”但客户的心不是随随便便任你驱使的，也只有高度满意的客户才能心甘情愿地向你敞开钱袋。对企业来说，不管是提供全程服务还是个性服务，都是为了让客户百分百满意。

创业以来，顺丰专注高质量的服务赢得了一大批忠实粉丝，但随着快递市场的高速发展，国际巨头FedEx、UPS等对中国市场虎视眈眈，同时，由于准入门槛低，国内各大民营快递公司如雨后春笋般迅速生长，列土封疆。

国内的客户开始不满足于顺丰高质量但高价格的服务，而随着电商的快速崛起，网购一族也成了快递消费的主力军。“四通一达”借势而起，迅速占领了这块潜力巨大的市场。同时，国际巨头继《邮政法》实施的尴尬后，又向国家邮政局提出经营国内快递业务的申请，并于2012年9月获批。若UPS、FedEx这两大国际快递巨头进军国内市场，之前因国家政策限制外资快递进入而引起的快递业的“短暂春天”很可能因此降温，顺丰目前的市场定位也可能受到冲击。

2012年8月1日，顺丰推出了“四日件”服务，主要以异地快件运送为主，首次将触角伸向了低端市场。该服务主要面向淘宝卖家，顺丰已开通562条陆运线路，可以支持国内29个省市的陆地运输。首重价格从22元降到了18元，续重也从14元/公斤减少为7元/公斤。随着价格的下调，送达速度也相对变慢，大概与航空快件有1～2天的差距，预计4个工作日送达。同时，“四日件”仍然享受顺丰“收一派二”的精品服务，同时保价、自助服务、代收货款等航空件增值服务也都包含在“四日件”服务内。

从中高端市场走下，面对价格较低、速度较慢但服务不低的“四日件”，消费者们是否领情呢?

很多经营化妆品、音像制品、液体商品、粉末状商品的电商，对此举十分看好。他们的商品无法经由航空运输，而顺丰提供了“四日件”经济快递，在带给他们低价格的同时，也方便了此类商品的运送。而同时顺丰高质量的服务也令他们对商品的运输过程放心，购买商品的顾客也能因此得到更好的服务，因此可以更好地维护客户关系。不少淘宝买家在购买商品时并不看重抵达时间，而顺丰减速却不减质量的服务令他们心生青睐。虽然相比较“四通一达”稍贵，但考虑到快件安全、服务态度等问题，价格也在可承受范围内，因此顺丰凭借着“四日件”渐渐在电商市场上分得一杯羹。在获得无数好评的同时，“四日件”也有一些中差评，部分淘宝买家对此举颇有微词，认为虽然价格降低，但速度实在有点慢，不会因此选用“四日件”。

而精明的卖家已经算了一笔账：以从济南到广州为例，10公斤的商品用顺丰标准快件需花费148元，而选用“四日件”只需81元，节省了近半的花费。但如果只需寄送1公斤物件，“四日件”为18元，仅比标准快件优惠3元。可见，优惠程度因寄送物品重量不同而有所改变。

而横向与其他快递相比，同样是10公斤商品从济南到广州，申通要价110元，韵达为87元，中通、圆通、天天等快递只需70元左右。“四日件”的价格在中等水平，比上不足比下有余，而借着顺丰的服务口碑，“四日件”的推出可以吸引一大批顾客。

2012年，全国快递行业已连续16个月增长速度超50%，随着快递的飞速发展，顾客的需求日益细化，服务、价格等的平衡更加被量化。而随着国内竞争的逐渐激烈，市场细分才能实现更多的利益分享。快递服务就是“在正确的时间，将货物送到正确的地点交给正确的人”，不管是要求快递或者慢递，或者要求“限时服务”“上门取件”，都是快递服务的本质。而面对日益细化的市场，顺丰及时做出应对，在越来越亲近普通群众的同时也为自己赢得了更大的发展空间。

但现在在顺丰的官网上，“四日件”已不见踪迹，取而代之的是顺丰特惠。这是一个整合了“四日件”、港澳经济快件等的陆运快件，同时针对顾客非紧急寄件需求推出的经济型快件。其价格也与“四日件”一样，走下了中高端的金字塔，更加亲民，虽降低了运送速度却不减高质量服务，更能满足客户多样化的需求。

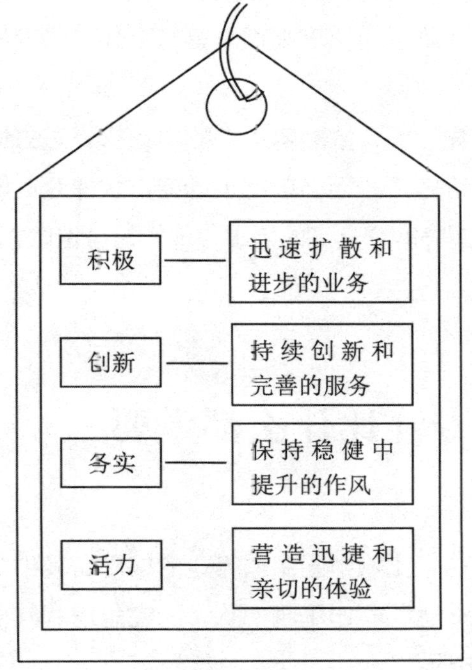

顺丰的运营理念

虽然“四日件”获得了成功，但是顺丰管理层依然对走下中高端市场存有疑虑，为此王卫在2013年的年初讲话中，做出了解释：“我们现在必须做出改变，要把公司的经营思路全面扭转，改变闭门造车的模式，走到客户中间去，看看他们真正需要什么样的快递服务，为他们量身定做一些东西。如此一来，公司内部的所有环节都要以客户为导向，而不是拍拍脑袋想当然地做决定还自我感觉良好——这样做的结果往往是，你自以为为客户操碎了心，而人家根本不领你的情。

“真正的以市场为导向，不是哪个职能部门说了算，也不是总部哪个总裁说了算，当然也不是我王卫说了算，而是客户说了算，客户才是我们真正的老板。客户说他需要什么样的服务，我们能够做到，而且做出来能够令他满意，那才是真正的好，才是皆大欢喜的双赢局面，才是公司的长远发展之道。所以我今年把所有的组织架构、激励方案、考核办法等都做了调整。我相信，这一整套东西算是为接下来顺丰第三个10年的发展引擎，做一个改造升级的工程。”

变幻莫测的客户需求，依然容不得顺丰放松，过去快递企业把自认为好的产品和服务推销给客户，而当前的市场要求快递企业像王卫说的一样“走到客户中间去”，围绕客户真正的需求为他们量身定做相应的产品和服务。

战略大脑：专注比什么都重要

曾经有人用军队来比喻中国快递行业的格局，其中中国邮政和顺丰属于正规军队，“四通一达”叫作军阀部队，而宅急送和其他一些不知名的小快递公司被称为“游击队”。

1993年，快递业异军突起，其中有3家公司成为后来的行业主力军——宅急送、申通和顺丰。创业之初，3个创始人都不是要干什么大事业，而只是为了养家糊口填饱肚子。宅急送为了有业务不至于亏本，送过牛奶和鲜花，还接些搬家送货的活儿；申通创办之初是搞货运的，只在上海和杭州之间来回穿梭；至于顺丰，王卫那个时候每天背着书包亲自送快件。

从消费者的角度来看，考量一家快递是不是合心意，一般有4个标准。

从快递费用上来看，顺丰并不占优势，因为王卫这个顺丰的“战略大脑”锁定的是中高端客户人群，而且顺丰贵有贵的道理，高资费对应的是高水平的服务。他为顺丰制定了统一的服务标准，其他快递公司还不能保证3天内送达的时候，顺丰快件两天内就可寄到，真正做到了“顺风”。不但在速度上占有优势，顺丰的快件损坏和丢失情况都比其他快递公司好很多。凭借着出色的服务，王卫带领顺丰迅速地拿下了中高端市场。

至于服务态度，每个顺丰快递员在上岗之前都要进行一系列培训，考核合格才能上岗，快递员的服务态度由客户的投诉情况来衡量。王卫还规定员工的工资直接与送件的数量挂钩，所以曾有顺丰员工在送快递的路上跌倒了，爬起来继续奔跑的事情广为流传。虽说王卫将顺丰经营得风生水起，但苦于整个快递市场的不景气，收益也不是很好。

就在这个时候，快递市场迎来了它的春天，2003年“非典”席卷中国，外面变得空空荡荡，人们都躲在家里上起了网，网购成为那时最火的事情，快递市场也随之火热了起来。顺丰的货物量激增，王卫这时发现，当货物达到一定数量后，用飞机运和用汽车运在成本上相差很小，既然这样，为何不采用速度更快的飞机运输呢？加上“非典”的影响，这时的空中运输价格跌入低谷，王卫顺势与航空公司签下了租赁合约。

自从用飞机为快件护航，顺丰的速度更快了，王卫又推出了限时服务。当其他快递公司含含糊糊地说“差不多3天能到”的时候，顺丰承诺“48小时一定送达，加急快件24小时一定到”。在稳稳地笼络住原有客户的心的同时，顺丰的中高端市场不断扩大。随着人们消费水平的提高，越来越多的人渴望享受更高水平的服务，因此服务更可靠、速度更迅捷的顺丰越来越受青睐，很多低端市场中的客户也被吸引过来。虽说在淘宝上购物，寄其他快递可以包邮，寄顺丰就要加邮费，但顺丰在网购中依然不乏粉丝。

随着网购的火爆，四通一达几个快递公司的淘宝件占到自己公司业务的绝大部分，但顺丰的淘宝件只是自己业务的十分之一。其他快递公司确实都靠着网购的火爆大赚了一笔，王卫能否保证自己的业务不被网购所冲击，顺利度过被网购引领的快递之风呢?

是否进军淘宝是摆在王卫面前的一个难题。首先，公司的快件业务朝向网购发展就意味着要放下中高端市场的定位，转向低端市场。低端市场最典型的竞争方式就是打价格战，谁在价格上更低就更有优势，从这一点讲顺丰未必能在低端市场中分得一杯羹。另外，顺丰在开辟中高端市场时投资不小，放弃之前打下的一片天是不是合算呢?

而且，2011年1月，阿里巴巴公司的“物流合作伙伴发展大会”在北京举行，马云宣布了大物流战略，也就是将来有一天将会拥有自己的物流系统，正如凡客诚品等企业一样，不再需要专业物流公司的参与。对王卫来说，此时放弃原来的市场而参与到不知道哪天就会消失的市场里，岂不是得不偿失?

为了增强与“四通一达”竞争的实力，王卫在综合考虑多方面因素之后，决定继续坚持原有的市场定位，但是在战略上做一些转型，比如不再单一地只寄送快递业务，而是逐渐向综合物流方向发展。

再来看看当初一起创业的“快递兄弟”们，宅急送在发展战略上做出调整，结果转型失败，“四通一达”则一直做得不温不火。纵观顺丰的发展，重点就在于王卫能够在关键时刻为公司制定合适的发展战略。即使“四通一达”现在开始模仿和追击，也难以超越顺丰，因为这不仅要看自己的战略，还要看是否有合适的时机。

为何顺丰涨价没事

伴随着以淘宝交易平台为代表的电商模式高速发展，快递行业迎来了二次高峰，仅仅淘宝一家，每天的快递发送量就高达三四百万件。面对如此巨大的利益蛋糕，“四通一达”率先抢占电商快递市场，赚得盆满钵满，一时间，淘宝快递业务甚至占“四通一达”全部业务的70%左右。

王卫没有参与这场近乎疯狂的抢占行动，对于如此明显的商机，王卫不可能没有察觉，但他有着自己的考虑。

在“四通一达”大快朵颐，享受电商快递带来的利润时，王卫依旧默默地做着自己的中高端快递市场，即使进入电商市场，也只是小型的试水行动。王卫的专注，让顺丰赢得了中高端快递市场的大部分份额，高质量的服务使人们接受了相对较高的快递价格，而且中高端市场的客户对于价格的确不是很敏感。所以虽然顺丰接单数量不及“四通一达”，但是由于单笔利润高于低端市场的电商快递，顺丰依然稳坐民营快递企业龙头位置。

新《邮政法》的颁布，促使整个快递行业进行了一次大整合，大批中小型快递公司倒闭，民营快递企业中则有几家因此得以发展壮大，顺丰、宅急送和“四通一达”瓜分了主要的市场份额。不过这也让从未正面交锋的几个巨头不得不面临接下来的竞争，尤其是同在电商快递领域交锋的“四通一达”，因为以往作为缓冲地带的中小型快递企业已经几近消亡。

新《邮政法》还保障了快递人员的利益，要求快递企业必须为每个快递员购买保险等福利。由于顺丰一直做利润较高的中高端快递业务，这项规定对于顺丰来说并不是很大的问题。而对于“四通一达”来说则是不小的压力，接单量巨大的“四通一达”需要大量劳动力，全部为之购买保险将形成巨大的经济负担，在福州一带圆通甚至爆发过员工罢工要求购买保险的活动。此后，顺丰和“四通一达”形成了两个截然不同的循环模式：顺丰因为企业利润较高，员工福利较好，员工的工作态度普遍要好一些，也为顾客提供了更加优质的服务；“四通一达”则形成了相反的恶性循环。

随着人力、燃油、土地等成本的增加，“四通一达”的经济负担越来越重，却完全找不到解决办法，只能提高快递价格，可“四通一达”谁也不敢尝试。原因很简单，“四通一达”同为电商领域的快递巨头，服务对象和服务质量几近相同，在同等服务质量的前提下，谁先涨价无异于给其他几家卖了个破绽，那真是自取灭亡了。“四通一达”就像几只关在笼子里的老虎，各自蹲在一角，互相瞪眼看着对方的行动，饥肠辘辘却谁也不敢走到中央吃食物，怕前脚走，后脚自己的地盘就被瓜分了，只能硬着头皮顶着。

到2009年的冬天，全国多地都遭遇了罕见的暴风雪天气，南方地区的冻雨天气，更是让快递员难以快速完成货物派送，加之年底前，有大批快递员回乡过年，更是让快递业雪上加霜。受此影响，强如顺丰也感到有点坚持不住，宣布将在北京等局部地区小范围调高快递价格，以应对眼前的问题。中高端客户并不是特别在意价格问题，只要顺丰还能继续保持高质量的服务，恶劣天气里提高点价格也是人之常情了，客户对此都表示可以理解。

"四通一达"遭遇了同样的问题，加之一直以来的经济压力，"四通一达"中除了汇通没有动作，其他"三通一达"再也忍耐不住，决定提高快递价格。难道真的会有一两家快递企业不顾被瓜分的危险，掀起涨价浪潮吗？这就把资本家们想得太善良了，对于资本家来说，联手欺负客户是显然更好的选择。统治电商快递领域的四家快递终于肯放下架子，聚在一起寻找解决问题的方法，很快，一拍即合的"三通一达"决定形成涨价联盟，利用在电商快递领域的垄断地位，几乎同时进行了涨幅在5%～20%的提价。

可以想象，这次"三通一达"的联手提价行动遭到了卖家和顾客的强烈抵制，广大电商卖家甚至在网上呼吁，全部放弃这4家快递企业，要知道市场中还有其他很多选择，只不过价格稍微贵了一点。王卫看准了这个时机，利用顺丰高品质服务的口碑，硬生生地从"三通一达"口中夺走了大量客户。"三通一达"眼看着大量客户即将流失，再也坚持不住，仅仅一周后，"三通一达"中的中通和韵达率先发出公告，恢复之前的价格，取消涨价。至此，"涨价联盟"土崩瓦解。

在"三通一达"涨价之前，顺丰也在局部地区进行了涨价，为何顺丰涨价没事，"三通一达"的联合涨价却得到这样的结局？想来除了服务对象不同以外，涨价的操作手法也是很重要的一点，顺丰以在恶劣天气下保持同样的服务质量为由，进行了小范围的价格调整，影响面不是很大。至于"三通一达"的涨价行动，则完完全全是一场闹剧，在当今社会各方面资源都涨价的年代，快递业涨价也有合理的一面，只不过"三通一达"不从提高自身服务质量着手，而是利用行业联盟优势，直接粗暴地宣布大幅度涨价，强势逼迫客户接受高价格，这实在不是智者所为。

全程关注此次涨价浪潮的王卫，对于顺丰为何涨价没事说出了更深层次的原因："这和我们的目标管理有一定关系。我个人不喜欢做同质化服务，在一个市场里，我总希望有所不同。特别是，如果产品定位让零售价格更高些，企业就有更大能力投入扩大再生产，发展后劲就更足。但你要想让自己的零售价格高些，就得先在服务上有所不同，否则消费者是不会买账的。

“因此，顺丰这几年一直坚持投入大量资金提高服务水平。比如，我们每年都要花费将近3亿元购买接近2000台运输车辆。另外，我们从10年前就想发展自有飞机，一架飞机的采购价格要上亿元，航空运输成本也很高，特别是现在油价贵了，一趟航班光运输成本可能就要十几万，还不算飞机维护和机组人员培训的费用。此外，我们还投资研制了一套自动化分拣系统，目前已经试运行。这套系统一旦普及推广，95%的5公斤以下快件都将实现自动分拣，分拣速度和正确率都将大大提高，我们的寄递速度就可以更快。

“另一个关键因素是这几年政府为我们营造了良好的发展环境。2008年新邮政法颁布实施，我们民营快递企业终于有了法律地位，国家明确支持民营快递企业发展，邮政管理部门给了我们很多指导和支持，这对民营企业发展帮助很大。”

顺丰在此次为期一周的涨价闹剧中，完全没有参与，王卫的冷静与克制不仅让顺丰从中获利，更给广大电商客户留下了良好印象，这对于顺丰今后拓展电商快递业务有相当大的帮助，因为人们在做快递选择时情感因素也占有很重要的地位。

O2O多向营销，顺丰大物流战略的收与放

2014年，O2O商业大潮袭来，各路电商大鳄纷纷布局打造“物流、信息流、资金流”三流合一的闭环商业模式。顺丰作为国内快速崛起的高端快递品牌领导者，亦以其独到精准的眼光，凭借物流优势，“逆袭”电商，启动了由B2C到C2B再到O2O的物流大战略布局。而顺丰优选与社区O2O服务平台

则是整个布局中最重要的两环。其中，“顺丰优选”凭借庞大的网络、冷链物流及航空货运等复合优势，将构建一个最大、最全、服务最好的网络生鲜集市，实现供应链资源的线上聚合；社区生活服务平台，将整合顺丰网点数量优势，深挖消费者本地生活需求，引导供应链资源的线下体验式流通。

顺丰大物流战略的商业逻辑：由内到外再到跨界合作。

内生而外化一直是顺丰商业逻辑的根源。从顺丰的企业信仰到顺丰在海淘的业务尝试，再到O2O多向营销平台的建设，顺丰都秉持着先打好基础，做好内部建设与提升，在自己的“一亩三分地”上反复试验过后，再向社会开放与推广。当顺丰平台向外开放与推广时，也就昭示着顺丰的跨界合作号角的正式吹响。

有人说，顺丰做电商只是一个意外。但电商本质上还是零售业，客户接触电商的体验主要与物流环节有关，消费者能感知到的就是物流的服务好坏，作为快递业巨头的顺丰，其天生具备的优势不言而喻。再加上一个“没有创新就危机感重重”的掌舵人的存在，发展电商更是必然，只是切入点的灵感来自一次偶然的因缘际会而已。正是因为这一次偶然，让顺丰走上了电子商务的道路，此后以电子商务平台为支撑，从食品、轻纺、建材再到电子通讯产业，顺丰的全产业链资源的跨界整合道路越走越宽。

顺丰大物流战略的布局之道：

1.以物流为渠道，缩短供应链；

2.以食品冷链为切入点，布局C2B电商平台；

3.以电商平台为中端，布局产地直采的C2B供应链网；

4.以供应链网为基础，对接社区服务平台试水O2O，启动社会化多向营销平台；

5.以顺银金融为触手、社区服务平台为前端，完成O2O供应链闭环；

6.物流空间布局由一线城市逐步向二三四线城市渗透，最终实现农村乡镇快递市场的全面布局。

不同于“菜鸟”布天网和地网的风风火火，顺丰从物流网到供应链网的布局始终在低调进行，环环相扣，步步为营，力争做到收放自如。未来如何，现在定论为时过早。但就目前顺丰的种种动作而言，万变不离物流，社会化、平台化仍是核心，而O2O多渠道营销则将是顺丰下一阶段发展的主趋势，除了精准地推、互联网营销、体验式营销、移动端营销、金融营销与跨界合作式营销，必然会有其他更具独特性的推广营销模式产生，我们仅需拭目以待。

【延伸阅读】

谈行业：市场步入细分时代

《羊城晚报》：新的《邮政法》出台后，快递行业的准入门槛提高了，顺丰也从港资企业转成内资企业，这些变化对顺丰有何影响？

王卫：新《邮政法》的出台其实很及时。从顺丰的经营上看，建立一个全国性的网络，投入的钱极其巨大，但从保障消费者的角度考虑，提高门槛很必要，而且我觉得，目前的门槛还算低了。

《羊城晚报》：业界大多认为，快递行业将进入大整合时期。小型的快递企业将纷纷关门或者被并购，大型快递企业最终将彻底垄断市场份额的90%以上，最后幸存的快递企业只会有10家左右。你对此有何看法？

王卫：提高门槛之后，我不认为这会导致很多企业关门。从美国快递的发展来看，在FedEx、UPS等快递巨头的统治下，美国还是有大量的小型快递公司，这类快递公司的定位大多都是“同城快递”。所以说，在中国，我觉得未来不会有很多小型快递公司会关门，快递行业会进入一个细分市场的时期，市场划分将越来越清楚，不是所有的快递公司都一定要在全国铺设网点的，找准定位最重要。可以说，快递行业细分市场的时代已经来临。

——节选自2011年10月25日王卫接受《羊城晚报》专访：赚到钱只是因缘际会

Part 3

像毛细血管一样完成商业渗透

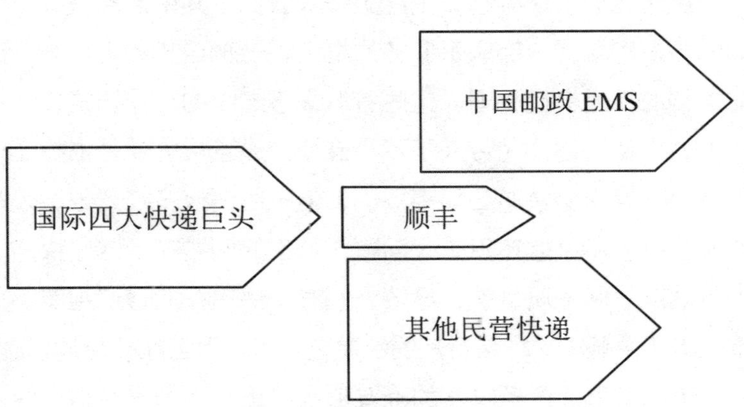

每一个细节的背后，哪怕是微不足道的一点点，都蕴藏着巨大的价值。

——王 卫

重磅炸弹：快递出门槛

进入2000年以后，快递行业更是发展势头迅猛，王卫也抓紧机遇，带领顺丰一面继续扩大地盘，一面提高顺丰的服务质量，希望能在众多的快递企业中保持自己的特色。

快递业的迅速崛起，也让更多人看到了其中的商机，不少人依靠一间老旧的街道房屋，一部联系业务的电话，一辆送货的电动车，成立了夫妻或者兄弟档的街道快递公司。这些看似毫不起眼的小作坊式快递店，给包括顺丰在内的大型快递公司带来了不少麻烦。最直接的就是占据了一些市场份额，虽然每一家街头快递公司都很小，但正所谓蚁多咬死象，还是分去了不少的快递业务。不过这还不是大问题，真正的问题在于这些快递企业规模小、操作不规范、服务质量差，导致人们对于快递行业普遍抱有不信任的态度，严重损害了像顺丰这样负责任的快递企业千辛万苦建立起的口碑。

真的有那么严重吗？的确有那么严重。因为当时整个快递行业都没有国家出台的统一标准或者法规，完全是法律的真空地带，国家也完全没有注意到这个行业，哪怕是像顺丰这样规模巨大的快递企业，在法律上来讲，依然是非法从事快递业务，完全是个黑户口、野孩子，得不到法律承认。王卫为了赢取客户的信任，为顺丰制定了一系列详细的规章制度，这完全是企业自觉的行为。如今好不容易获得的一点点信任，也被街头快递店的恶劣行为摧毁殆尽，一时间关于快递行业的负面新闻屡屡见诸报端。

不过，任何事情都有两面性，快递业虽然常以负面新闻登上各大媒体的版面，但也终于引起了国家有关部门的注意，制定一部管理快递行业的法律显得刻不容缓，建立行业标准的议题被提上日程。2007年，由国家标准化委员会牵头，邀请了业内的三方势力代表一同起草快递行业标准。作为民营快递企业的代表之一，顺丰也参与了整个起草过程。在经过国有快递企业、私营快递、外资快递三方各种博弈之后，于2007年9月，中国标准化研究院发布了《快递服务》邮政行业标准。

《快递服务》标准像一颗重磅炸弹投入了混乱的快递行业，引起了近百万家大大小小快递公司的关注。《快递服务》标准是国内第一部关于快递行业的指导意见书，虽然不是强制执行的法律，但对于快递企业的指导工作有着相当重要的意义。通过制定《快递服务》标准，王卫意识到国家已经开始重视国内的快递行业，相信在不久的将来就会有专门的法律出现，所以他严格依照《快递服务》标准的规定，在顺丰内部进行大规模的业务整顿，以达到国家的快递企业标准。通过一番企业内部优化之后，顺丰不仅为即将出台的快递法律做好了准备，也因此提高了快递效率，降低了企业成本，并进一步扩大了市场份额。

在王卫治理顺丰内部弊病的两年间，新的《邮政法》也在紧锣密鼓地进行着颁布准备。2009年4月25日，第一部正式关于快递行业的法律新《邮政法》发布，同时也宣告顺丰等几十万家快递公司脱去“黑户口”的帽子，正式成为法律认可的企业。新《邮政法》的出台，更加坚定了王卫的信心，此前他还在担忧民营快递企业的未来，但新《邮政法》的颁布让他长舒一口气。国家不仅在法律上承认了民营快递公司，更表明在未来将大力扶持一批有实力的快递企业，以此来对抗海外快递巨头。

新《邮政法》首先是认可了快递企业采用的特制运货车的合法性，顺丰一直采用将面包车或者依维柯等后座拆除，只留驾驶和副驾驶位置的加大型运货车运输，不过此前这种做法并不被允许，顺丰甚至为此每年需要准备几百万的交通罚款预算；其次是顺丰的运货车可以进入城市的主城区，以前这种货车是被一些大城市禁止进入主城区的，顺丰运输车必须在半夜三更偷偷摸摸地进入一些设在城市主城区的中转站；同时还给予快递企业在航空运输方面的优先配舱权，不像之前只能等别的货物装完才能配舱；此外还给予了包括土地、贷款、税收等各方面的优惠政策。

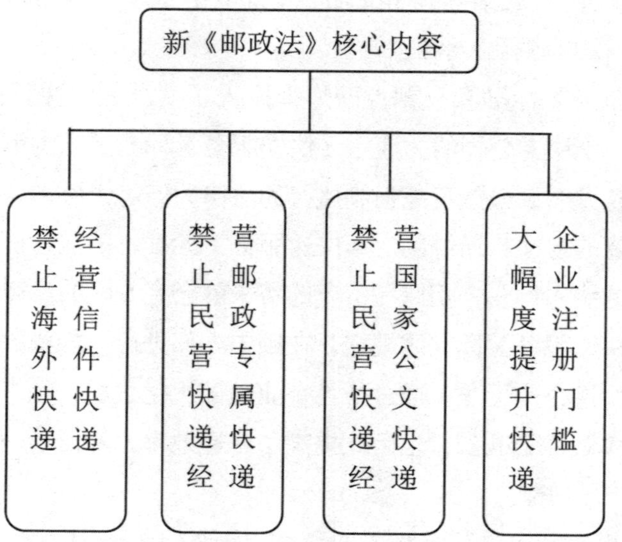

新《邮政法》为了整治快递行业的混乱情况，还为快递企业设立了市场准入门槛："在省、自治区、直辖市范围内经营的，注册资本不低于人民币五十万元，跨省、自治区、直辖市经营的，注册资本不低于人民币一百万元，经营国际快递业务的，注册资本不低于人民币两百万元。"这个门槛让绝大多数快递公司感到绝望，因为全国近百万家快递公司中，能够达到这一标准的只有二三十家。当然，对于别人是死亡条款的门槛制度，对于早已成为行业巨头的顺丰来说是一次绝佳的整合快递行业的机会。

王卫在看到国家关于快递方面的政策日益明朗之后，也大胆地加大投资力度：他利用国家在土地方面的优惠政策，在各大城市的航空港附近买下大量地皮，建立顺丰的大型中转场，进一步稳固和扩大顺丰快递网络；同时斥资3亿多购买了几千辆运输车；一些达不到国家标准，即将被取缔的小快递公司，王卫也大量收购，大大扩展了顺丰的快递市场网络，以至于现在内地除了青海和西藏，其他各个省都有顺丰的营业点。王卫依靠新《邮政法》颁布的有利形势，在全国攻城略地，稳步成为民营快递企业中的领头羊。

“巨鳄”凶猛

随着中国加入WTO，按照国际服务贸易总协定（GATS）的约定，中国将逐步开放包括快递在内的各个物流领域。以美国联邦快递（FedEx）、美国联合包裹（UPS）、德国敦豪（DHL）和荷兰天地快运（TNT）为代表的海外快递巨头们垂涎庞大的中国市场已久，为了能够先人一步抢占市场，早早地就开始在中国市场谋篇布局了。举一可以反三，FedEx在中国的扩张历程基本能够代表其他快递巨头进军中国市场的历程。

商人无利不起早，在利益驱动下的FedEx早在20世纪80年代就已经打入中国市场，那会儿还没有所谓的民营快递。不过当时改革开放刚刚起步，作为国民经济伴生物的快递行业也还没有兴起，而且中国尚未加入WTO，受保护政策限制，直到90年代初FedEx在我国市场都还未成气候。

进入90年代中旬，国内快递行业风起云涌，国家的监管不力导致各种资本将快递行业搅了个底朝天，蹲守中国市场多年的FedEx开始发力，强势进入国际快递市场。效果立竿见影，仅仅用了两年时间，就把此前垄断国际快递市场的EMS赶到了“墙角”，到了1997年，FedEx与其他几家快递巨头瓜分了我国超过70%的国际快递市场份额。

几大巨头此时尚未对顺丰等民营快递造成实质威胁，因为当时国内的快递行业法规尚不明朗，跃跃欲试的海外巨鳄大都不敢贸然进入国内快递市场，只怕政策一出台，就送他们上断头台去了，如此风险巨大的赔本买卖，快递巨头们自然不会做，所以只是暗中蓄力，等待恰当的时机。这在客观上就给了像顺丰这样的民营快递企业高速发展的时间，否则以当时的双方实力对比，FedEx想吞噬掉小小的顺丰，易如反掌。

由于王卫是在香港长大，相对于其他内地企业家来说，有更为开阔的国际视野，同行们还在为内地市场里的细枝末节僵持不下时，他已经感受到了海外巨鳄的威胁。所以在高速扩张内地快递市场的同时，王卫就开始逐渐将顺丰带向中高端市场，积极开发高端商业客户市场。也正因为王卫有着明确的战略目标，顺丰才能最早从低端市场中脱身，不再以低价格等粗劣的竞争手段获取市场，转而打造高质量的客户服务。

王卫的这种做法开了国内民营企业之先河，直到今天，依然有大量的快递企业还在使用低价竞争等恶性竞争手段，大打价格战。即使低价格一时会获得不错的效果，但具体环节的正确战术弥补不了战略方向的致命错误，终有一天，消费者会忍受不了低质量的服务，愤怒地抛弃此类快递。

王卫做了大量领先行业的尝试，譬如前文提过的全直营化，这都是为顺丰能在未来与海外巨鳄的正面交锋中存活下来而做的准备。不过王卫并没有太多的时间，因为巨鳄们面对着美餐而享受不得，已经让他们几欲发狂，联邦快递等企业不断地以GATS为依据，向政府施压。在海外巨鳄们长时间、高强度的冲击下，保护顺丰的防护网日益松动，王卫仿佛看到了巨鳄们狰狞的面孔，看到他们怒吼着奋力撕扯那一层即将脱落的防护网，口中滴下的点点涎液，透过薄如蝉翼的保护膜，落在王卫的脚下。终于在2006年12月，伴随着一声清脆的破裂声，联邦快递和联合包裹获得了运营国内快递业务的资格。

顿时，所有民营快递企业傻眼了，以他们的能力如何能够对抗这些经营了上百年的快递巨头？形势危如累卵，难道等待顺丰的只有一条死路吗？就在大家都感到绝望之际，王卫则认为民营快递企业的末日并没有到来，在他看来，包括快递在内的大物流行业，是一个国家重要的基础服务业，根本不会任由外资企业入侵，更别说垄断了，他认为顺丰还有喘息的时间。事实也确如王卫所料，2007年颁布的第一条指导快递行业的《快递服务》标准，就禁止了外资企业经营国内的信件快递业务。

不仅如此，FedEx所获得的经营资格仅限于广州、上海、天津等8个城市，UPS则只获得了5个城市的运营权。国家政策的限制，让民营快递企业又获得了些许发展壮大的时间，同时还为民营企业的发展提供大量的优惠政策，为民营企业发展扫清政策上的阻碍，顺丰作为民营快递企业的领头羊自然也获得了支持。

王卫认识到这样的好运气并不会持续多久，虽然有国家政策一手在控制着海外快递企业，另一手助推民营企业，但是在不久的将来，必定还会全面开放内地快递市场，危机依然随时可能到来。王卫一面利用有利的政策环境，大规模地在全国铺设顺丰快点网点，完善快递网络，最大限度地利用好国家的扶持政策；另一面则抓紧顺丰内部改革，从企业服务、操作标准到快递分流设备等，努力修炼顺丰的“内功”，以期能在未来的血腥竞争中与海外快递巨头相抗衡。

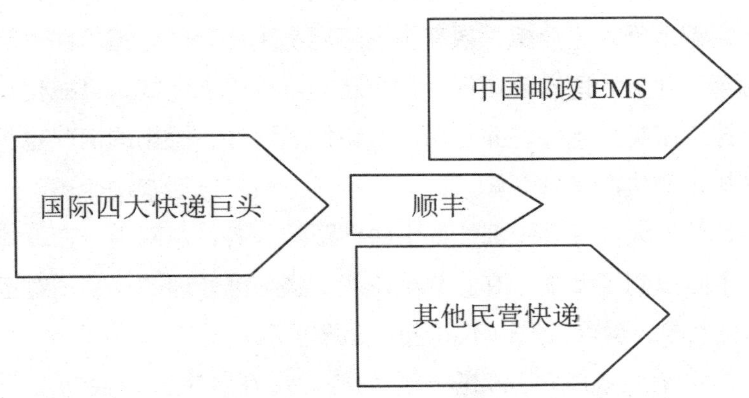

在如何追赶国际四大快递的问题上，王卫有着自己独立的思考，在一次回答记者访问时，他说出了内心真实的想法：

首先，当然是要确立目标。我们说追赶国际快递大企业，追赶的是什么？我想首先不是规模，而应该是服务质量和声誉，追求像他们一样受到消费者的认可和社会尊重。

其次，要评估好自己有没有实力去实现这个目标。基础不稳的话，你在上面盖房子很容易变危楼，如果塌方影响更大。民营快递行业这两年才刚刚发展起来，所以，我们要对自己有一个清楚的评估，要脚踏实地一步步走。至于能走多快、走多远，我认为并不需要苛求。一旦发现基础不能支撑，要赶紧调整节奏。

同时，中国服务业企业能不能保持又好又快发展，也要看国家的产业政策能不能持续稳定。对民营快递企业来讲，如果国家鼓励，企业的发展步伐就能快一点；如果政策变来变去，企业发展就会愈加艰难。……我们并不是说非要政府给多少补贴，一些小问题企业自己也会尽量想办法解决。关键是国家大的政策环境要支持民营快递企业发展，这对我们至关重要。

另外，我还想说一点，中国民营快递行业现在的确有些欠缺，投诉也比较多，这是产业发展的一个必经阶段。但也要看到，中国快递行业整体服务质量近两年进步其实非常大。以前民营快递企业因为拿不到土地，上不了机械化设备，都是靠人工分拣，效率不高还容易出错，一出错邮件肯定就要延误。这两年，几家大快递公司每年都有新的分拣中心建成，机械化水平越来越高，分拣速度越来越快，而且用皮带轮传送快件，抛扔的情况也少很多。以前，你想知道快件运到哪里了，只能给业务员打电话查询，还不一定能查到。现在，几家大快递公司都能提供快件跟踪服务，在网上一查就能知道快件哪天哪个时段到了哪里，有些甚至还能查到是谁处理的，公司对运输车辆也都有远程监控，运输人员也不可能中途调包了。

所以，希望大家能对我们多一点耐心。现在各家民营快递企业都已经认识到了提高服务质量的重要性，都在加大这方面的投入。但要看到明显效果，可能还需要一段时间。我相信，只要国家大的政策环境不变，中国民营快递企业5年之内一定会有一些亮点！

此后的几年时间内，王卫也的确做到了这一点，不仅稳稳抓住中高端快递市场，同时还进入了其他非传统领域和行业，希望能够找到更多稳固顺丰的支撑点，让顺丰在高速奔跑中保持平衡。不过此时的顺丰依然不是海外快递巨头们的对手，王卫需要继续在有限的时间内带着顺丰尽可能地向巨头们靠近，不远的将来，将没有国家的政策之手帮助，那时才是真正的考验。不过顺丰的高速发展，也让民营快递企业看到了行业标杆和方向，只要抓住时间，发展壮大自己，未来与海外巨鳄们之间的较量，最终鹿死谁手尚未可知，也许蚍蜉撼大树，并非不自量。

对垒EMS：投入本身就是产出

顺丰是国内民营快递的领头羊，市场份额仅次于国营快递EMS。而在之前，EMS做市场优劣势分析向来只跟国际四大快递公司作比较，根本不会把顺丰这种小喽啰放在眼里。

王卫带着顺丰一上阵，就和EMS抢起了生意，方法就是打价格战。EMS家寄送一个货物要收七八十，到王卫这儿寄只付一半就行。刚开始时，王卫去市场上摸索价格，记录下来，之后顺丰就按照市场价的70%来收费。低于市场价并不意味着赔钱，只是挣得少点，但是所谓薄利多销，许多中小型公司慕名赶来，王卫用打价格战的方法在快递市场占据了一席之地，很快生意就红火起来。

眼见着顺丰掐腰抱膀地要跟自己分天下，EMS也开始分析顺丰的优劣势，以便知己知彼百战百胜。

随着网购的兴起，民营快递企业发展迅速，原来被EMS一家独占的情况逐渐被打破。但是，由于EMS是国家支持的企业，在可信度和安全上有保障，因此虽说EMS的市场占有份额在萎缩，但还是比其他民营快递的市场要庞大很多，就算是民营快递领头羊顺丰也不能与之抗衡。

到街上随便拉一个人采访，他不一定知道顺丰，但是一定知道中国邮政快递，也就是EMS的知名度要比顺丰大。一方面是因为企业体制上国有和民营的区别，另一方面，EMS比顺丰更注重对于品牌的推广，EMS的广告形象代言人是刘翔，但王卫到今天依然没有计划给顺丰做任何的广告。

在全国网点的覆盖率上，从中国邮政寄件，可以送到几乎中国的每个角落，不管是山村还是农庄，这一点是顺丰不能比的。顺丰的战略定位是中高端市场，而在经济欠发达的小镇或者乡村就没有大的覆盖率了。

作为国家企业，中国邮政在政策上享有国家一定的福利，比如，中国邮政法规定“150克以内的寄件业务”都归EMS管，除了国务院下达的其他命令。

这么比较起来，顺丰显然处在劣势地位。王卫在做顺丰的时候一定考虑到了这些情况，顺丰和EMS就像是两个不同出身的年轻人，一个要靠自己赚的钱来支撑企业发展，一个则享受国家一定的福利和财政补贴。但是，这些都不足畏惧，真正决定市场份额的是公司运营能力和客户的口碑。

顺丰在速度上的优势是有目共睹的，与EMS相比，它的速度要快一半。另外，王卫还抓住国有企业的弱点，那就是时间上和服务上的限制。顺丰一天24小时提供服务，还提供上门服务，对公司或者VIP客户还派专人驻扎收取快件，这些正是国营快递不能做到的。

在做市场方面，顺丰用不同的营销策略和增值、专享服务开辟了大量的市场，而EMS由于一直处在老大的位置，没有什么危机感，对于做市场的意愿也不强烈，因此在他们的业务中，基本找不到对客户需求、市场细分调查的影子。

从根本上来说，王卫能够真正与EMS对决的原因是他的网络运营能力。王卫是一个既会撒网，也会收网的人，而且给公司投资从不吝啬，有人说他挣10块钱，会拿出8块钱来做事。

创业之初，公司资金还不富裕，王卫就投入重金打造了自主控制的直营网络，按照统一的标准衡量快件的资费。EMS也在进行网络运营的建设，但是由两部分组成，一个是自主网络，一个是国家邮政网络，这就意味两者之间要相互协调，这就增加了网络处理的速度。另外，EMS的市场和网络不够统一，在市场部被界定为按照标准件收费的快件，到了网络上就可能不符合标准。

在网络布局上，王卫的中高端市场定位很明确，能够保证每个地方都有相应的网络覆盖，但是EMS的覆盖面太广，乡间小屋的快件也负责派送，但是与之对应的网络却不能保证。

王卫撒下去的网会搭配上收网的技术装备，顺丰员工每个人手上都有一个HHT，收件时，快递员将收件信息输入终端，信息马上被传到网络中，快件在不同人、仓库和货车之间中转时，快递员都会用HHT扫描寄送单上的条码，快件的各种信息会在网络中跟踪显示，在最大限度上保证了快件的安全，同时，客户也能直接在网上查询快件到哪里了。而EMS也在不停地增加人手和设备，但依然不能与网络很好地协调起来，有快有慢，稳定性没有保障。

网络运营的最终体现就是终端环节，也就是快件的派送。王卫将投递快件的人员定在员工总数的70%，他把他们称为顺丰最可爱的人。但是，EMS在一个城市的投递员不及顺丰的30%，因此，终端环节的速度和效率都得不到保证。

EMS为何不多派几个人去送快递呢？因为对中国邮政来讲，多一个人运营成本就多加一分。而对于顺丰来说，投递的过程本身就能够产生效益，不是一项单纯的支出，顺丰员工投递数量和他们的收入直接挂钩，员工更有工作动力，效率也就更高。

在顺丰，王卫将网络运营当作为公司效益服务的一种手段，但是，EMS作为国家基层，经常面临着考核，考核的标准就是单一的网络运营指标，一旦不达标，基层员工就要面临着数额不小的惩罚。为了应付这种考核EMS就已经焦头烂额，又何谈对网络运营的保障。

金融危机，逆势而上

有的时候带领一个企业就像是驾驶一辆汽车，王卫就是顺丰快递的驾驶员。人人都知道驾驶汽车时最重要的不是加速，而是刹车，因为加速人人都会，只要用力脚踏油门就可以，但是刹车的时候，尤其是在被迫刹车时的慌乱瞬间，才最能考验驾驶员的心理素质和操作技巧。

考验王卫的时刻到了。

2008年，全球金融危机来袭，这次与以往不同，是一场全球范围内的大规模金融危机，尽管中国政府做了方方面面的准备，但在经济全球化的今天，中国市场依然没能幸免于冲击。

金融危机带来的冲击强度远远超过了人们的预期，就像一阵凛冽的秋风扫落叶般，无数应对不及的中小型企业迎风倒地，金融危机所过之处，留下了大批未成熟企业破产后的尸体。快递行业是服务性行业，伴随着大批企业倒闭，快递企业的业务量骤减，遇到了前所未有的困难。行业寒冬之时，不少快递企业为了减少开支，不得不进行大规模裁员，包括“四通一达”在内，全都采取了这一措施。更有甚者，一些业内已经小有名气的快递企业宣告破产离场，就连实力雄厚的DHL都在2008年宣布暂时退出中国市场，兔死狐悲物伤其类，这更让整个快递行业充满了伤情悲感。

覆巢之下无完卵，顺丰也遭受重创：顺丰2008年的业务量大大减少，全年下来亏损了1200万元，这也是顺丰自成立起，多年高速发展以来的首次亏损；其次是刚刚开设的杭州飞往东南亚和韩国的全货运航空班机也被迫停飞，使得顺丰走向海外的计划遭到打击；最重要的是员工的情绪不稳定，受行业裁员影响，顺丰内部也是人心大动。摆在王卫面前的是一个金融风暴过后的灾难场面，他要救顺丰，更要作为行业标杆，给快递行业注入强心针。

灾难过后，在王卫看来，对于顺丰最重要的不是钱，不是重建快递网络，而是人。在金融危机到来之际，其他快递企业大幅度裁员时，为了稳住顺丰员工的情绪，王卫做出承诺：无论金融危机多么严重，顺丰决不会因此而裁掉任何一名员工。做出这种承诺需要莫大的勇气，因为顺丰在全国一共有超过10万的员工，连海外巨头在当时都裁减了部分中国区员工。但这一举措确实顺利地让顺丰员工安下心来，同时也为王卫在顺丰内部获得了极高的威望，不少员工深受感动，开始打心底认同这位老板，以自己是顺丰人而深感自豪。王卫这一手做得相当高明，虽然要为此付出不少的金钱代价，但获得的人心凝聚力价值更高。

值此员工群情激昂之时，王卫顺势提出要大力整改顺丰内部快递服务问题，要为客户提供更快捷、更安全、更人性化的便捷快递服务。此时王卫因为不裁员的措施在顺丰员工心中顺利地得到了很高的威望，员工们自然积极响应，诚心改变服务，以往好多人都只是流于表面，应付检查而已，现在则不同，这次整改因而颇见成效。这在当时的情况下，是有重要意义的：快递行业萎缩，整体业务量下降，僧多粥少的局面下更需要以质量抓住为数不多的客户。最终顺丰也的确在艰难时期，凭借超出同行的服务质量，获得了不少客户资源，为缓解顺丰的困难起到了一定的作用。

同时王卫还趁着金融危机中同行们缩手缩脚的时候，主动寻找政府合作，政府也仿佛看到了当下只有顺丰能堪大用，开始为顺丰大开政策通道。

就拿顺丰2009年开通杭州至香港的全货运班机来说，如果不是由于金融危机的影响，别的同行不敢或者没有能力与王卫相争，顺丰绝不会如此迅速就能够达成，至于土地、贷款等更是极大的支持，这让顺丰能够在行业普遍萧条的情况下，依然保持对外扩张。原因很简单，政府急需在短时间内扶持一些实力强劲的快递企业，以此来和海外巨头抗衡，邮政限于僵化的体制根本无法在短时间内壮大，而民营企业中又只有顺丰最有优势，想来顺丰还真有点被推向前去的感觉。

不管怎样，王卫借此机会让顺丰继续扩大着自己的快递网络，并且将业务扩展至航空领域和海外。金融危机期间，经济不景气，大学生就业也遭遇了很大的困难，王卫看准这一时机招进来大量本科生。这在以往是很难做到的。

王卫为何要招进大量大学生呢？一般人可能疑惑，送快递的行业需要那么多高学历的人吗，有体力不就解决问题了吗？其实，包括物流在内的快递行业，在发达国家是科技含量很高的行业，我国快递业由于起步太晚，因此直到现在依然是劳动力密集型行业。快递行业内的现状就是从业人员学历普遍不高，以初高中学历为主，王卫此时趁着大学生“打折”招进了许多大学生，以此改变顺丰内部人才结构，提高从业人员素质，他这么做也是在为以后行业升级做准备。物流行业发展至一定时期后，必然会和发达国家一样，转化为技术密集型产业。

金融危机也让王卫明白一点：顺丰不能仅仅依靠快递业务，单腿支撑的企业太过脆弱，随时可能会因为外部因素而倒下。当同行都在畏缩退后、不敢投资的时候，王卫在快递领域内推出了一系列针对各种客户的高附加值业务，譬如同城同日达、异地次日达等。除此之外，王卫开始不断地跨领域跨行业尝试新业务，包括电商和冷链物流等，目前的顺丰已经不仅仅是一个快递企业，它正在逐渐发展与快递行业联系紧密的多种产业。

如何在海外虎口夺食

金融危机过后，王卫利用危机期间所做的种种努力，成功地把其他民营快递企业抛在身后，稳稳地坐在了第一民营快递企业的位置上。不过，王卫显然并不满足，国内的民营快递企业已经完全不在话下，只有国际快递巨头才是他真正的对手。此时顺丰还需要继续发展壮大，王卫将目光瞄准了海外市场。

海外巨鳄们疯狂地想进来，而国内的快递企业却在此时更想出去，简直像极了婚姻的围城。王卫想着走出国门，也是经过了深思熟虑而做的决定。在他看来，现在的顺丰已经到了走出国门的时机：首先是顺丰已经有把握占据国内快递市场，其他快递很难撼动。其次是国内虽然利益巨大，但是行业依然比较混乱，低价竞争等手段导致利润极低，顺丰必须寻找新的经济增长点，国际快递市场无疑是最好的选择。再次王卫认为顺丰肩负着未来正面抗衡海外快递巨头的使命，而走出国门，打开国际市场，是顺丰跨国化，乃至全球化的必经之路。顺丰自有航空运输机队也为这一计划提供了可能。

王卫虽然一早就有进军海外快递市场的想法，但苦于各种条件限制，一直到2010年才得以实施。之前顺丰已经有了多年内地和港澳台之间的快递经验，这也为顺丰走出国门积攒了宝贵的经验。2010年1月4日，顺丰正式走出国门，韩国是王卫选择的第一站，谨慎的王卫只是开展了中国发往韩国的单程快递业务。万事开头难，有了韩国的尝试之后，王卫加快了顺丰的跨国化速度：同年，顺丰开通了与新加坡之间的快递业务；一年后，顺丰开通了马来西亚的快递业务；之后，顺丰还开通了日本、泰国、越南与内地的快递业务，成为东南亚和东亚地区与中国之间的重要的快递渠道商。此外，王卫打进了华人众多的美国快递市场，如今，顺丰的网点已经遍布全美50个州。

顺丰为何能够在国际四大快递巨头和中国邮政这几头“老虎”口下夺食呢？原因就是王卫采取了折中的服务质量与价格，性价比高是顺丰能够在强敌环伺的国际快递市场中站稳脚跟的一大原因。在顺丰开展国际快递业务以前，人们要么出高价享受四大快递巨头的高质量服务，要么为了省钱选择邮政EMS，但同时也得忍受相当慢的快递速度；而顺丰提供比邮政更高的服务质量，同时价格也比四大快递巨头低，这种折中的方案成为多数人的选择。

虽然顺丰在经营海外快递市场时取得了相当出色的成绩，但与国际四大快递巨头间的差距依然非常巨大。

首先从硬件方面的对比就可以看出差距：顺丰目前自有的飞机一共31架，国内其他民营快递企业仅圆通拥有一架飞机，在国内占据绝对优势。但与四大快递巨头相比简直是九牛一毛，FedEx拥有接近700架自有飞机，就连UPS也有超过500架的飞机。王卫清楚飞机是发展国际快递业务的基础，所以这几年他一面不停地购买飞机，培养配套的飞行人员，一面还与海外当地的航空公司开展深度合作，租借飞机或者包下飞机的整个机舱，这种“借鸡下蛋”的办法让顺丰短时间内拥有了一定的空运能力。

其次顺丰在海外通关能力方面也尚待提高。由于国际上还不是特别认可顺丰快递这一品牌，顺丰在过关时面临非常复杂的通关手续，而四大快递能够在一些经营多年的地方有优先通关权，甚至免检通关，比如DHL就会利用与德国通关口岸的良好关系，将一些在北欧通关时间长的货物运回德国通关。其实王卫早已就这个问题做了准备，2008年金融危机期间顺丰招收的大量大学生中，相当部分是海关通报方面的专业毕业生，只不过目前还没能来得及积累丰富的工作经验，顺丰正在着力培养一批海外通关方面的专业人员。

再者，顺丰的快递物流系统也需要进一步精简瘦身，让顺丰运转得更有效率。目前顺丰在公司物流分配运转方面依然是以劳动力密集为主的粗浅模式，其中优劣稍微对比一下FedEx就可以一目了然：目前FedEx全球所有员工大概10万人，每天能够处理快递量超过1000万份，而顺丰仅仅在内地的员工就超过15万，每天的处理量只能达到200多万份。王卫针对顺丰效率低下的现象，引进了国外先进的物流解决方案，同时与科研机构合作，自主研发业内领先的自动分流设备、一线快递员手持终端设备，以此提高顺丰快递的运作速度。

为了配合顺丰的海外战略，2013年9月17日顺丰还推出了“海淘”商务平台——SFbuy。SFbuy与淘宝平台相类似，提供的是中国内地淘宝一族购买海外网上商品的平台。目前SFbuy平台刚刚推出不久，尚未成熟，仅仅开放了美国的电商市场，连付款方式也只支持万事达、美国运通信用卡和VISA，不过可以预见，未来这一平台必将拓展至其他国家，付款方式也会越来越便捷，而且将与顺丰的国际快递业务相捆绑，人们“海淘”购物，同时也将由顺丰快递运回。

尽管王卫做出了大量努力和部署，但是目前顺丰在软硬件方面依然远不是国际快递巨头的对手，顺丰要走的路其实还很长，革命尚未成功，王卫仍需努力。

帝国构想的最后一道难题：“三流”合一

2005年之后，王卫就开始思考顺丰的发展模式，精明的他明白鸡蛋不能放在一个篮子里的道理，不过苦于当时顺丰资金不足，没有机会涉足相关产业。2008年金融危机后，顺丰的首次亏损更是让王卫不得不思考顺丰的未来，单腿行走的顺丰太容易跌倒了。考虑到顺丰在快递行业经营多年，运输方面已经拥有足够实力，王卫决定以快递业为主，向两侧拓展顺丰的业务，增强顺丰在遇到危机时的抗打击能力。

具体打算怎么做，其实在2011年较少的媒体采访中，王卫透露出了自己真实的想法："目前的物流业处于高速成长而又细分的关键时期，现金流、信息流和物流将是每个企业都想发展、扩张的方向，也是顺丰将要开拓的方向。"话语间，王卫流露出了深埋心底的野心。虽然王卫有着建立顺丰庞大商业帝国的野心，不过目前看来，顺丰还差得很远。

王卫所推崇的"三流"发展方向，目前顺丰做得比较好的只有信息流。因为要连通全国快递网点，顺丰与深圳电信合作建立了顺丰呼叫中心和"全球眼"追踪定位系统。这也是王卫颇引以为自豪的地方，顺丰的信息系统足以支撑物流全国化，不过相比于国际快递巨头，顺丰只相当于四大快递20世纪90年代的信息化水平，还有很大的提升空间。

2008年金融危机后，王卫发现快递业投入周期太大，资金回流周期太长，一旦遇到风险，再庞大的企业也可能因为现金流不足而猝死，他必须拓展全新的现金流业务，未雨绸缪。而能充分利用快递运输优势的现金业务只有零售业。

2010年以后，以淘宝为代表的电商领域迅猛发展，王卫也坐不住了，不过由于下手太晚，淘宝快递订单早就被瓜分干净，王卫能做的就是建立自己的电商平台。目前，淘宝和京东等成熟的商城早已把大至汽车，小到指甲刀的琳琅商品全部罗列进去，王卫如果继续投资类似的电商领域，必死无疑。经过琢磨之后，王卫发现电商领域内销售生鲜等冷冻、冷藏商品的很少，而生鲜商品拥有潜在的商机，所以他将目光瞄准了冷冻、冷藏商品。

为何淘宝和京东会视巨大的冷链商品市场而不见，原因就是冷链运输不成熟。冷链物流与常规物流完全不同，不仅要求全程低温，而且要求速度更快，一套成熟的冷链物流不仅需要陆路运输的支持，航空运输也是必不可少的，前期的资金投入让众多电商大佬们望而却步。如今王卫决定啃这一块硬骨头，不仅因为这是电商领域留下的最后一块高利润蛋糕，也因为这是发展自营冷链商品的运输需求。

同时王卫还尝试实体零售店，多渠道地进入现金流业务圈。顺丰便利店在2010年面世，这不仅是零售业的试水活动，更是进一步培养人们前往便利店寄取快递的习惯。这在发达国家早已形成惯例，譬如日本，人们已完全习惯于就近寻找便利店寄取快递。

从王卫的这些跨界尝试中，不难看出他在以“三流”分立为方向拓展顺丰的业务范围：目前信息流虽然领先国内，但其实还尚待改进；现金流业务虽然已经开展，但还没有形成规模；至于冷链物流，则是还在起步阶段。王卫的商业帝国理想虽然美好，但其实还差之千里。不过我们依然可以畅想一下“三流”发展起来的那一天，或者探讨王卫选择这“三流”进行拓展顺丰业务的真实原因。

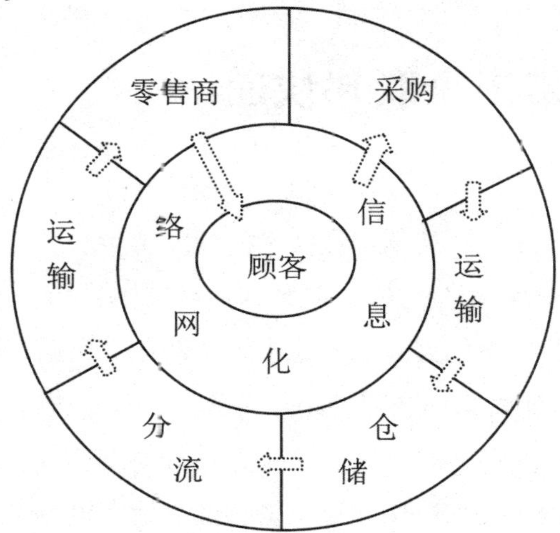

如果顺丰的信息流、现金流、物流三流真能如王卫所愿，发展壮大起来，三流合一之后，一个庞大的零售商帝国就会呈现在人们面前。在零售业中最难保证质量就是生鲜等需要冷链物流运送的商品，如果顺丰建立起目前国内空白的冷链物流系统，将彻底解决零售业的最后一道难题。到那时，所有零售商品从产地到送抵顾客的整个流程都将由顺丰包办。那时，顺丰将形成自给自足、不受外力干扰的闭路商业系统，只要利用目前在全国建立的快递网络，转化为零售网络，顺丰就可以建立起自己的商业零售帝国。第二个沃尔玛初具雏形，也许这才是王卫内心深处的顺丰未来。那时的顺丰快递只能算作副业，顺丰将会利用自己实体零售的优势，“调教”人们习惯前往实体零售店寄取快递。

理想总是很美好的，王卫的商业帝国看上去十分完美，零售业也的确是远比快递市场庞大的行业，要知道零售业上千亿规模并不是很难，但是快递业最多也就是几百亿的规模。但现实往往是残酷的，有太多的人在追逐远超自己能力的理想中迷失了方向，甚至丢掉了曾经最初的理想，人心不足蛇吞象，谨慎的王卫需要更谨慎。

王卫能不能带出个联邦快递

创办20年，顺丰就像野草一样在快递行业野蛮生长，王卫的战略战术、当机立断的做事风格和效率也深刻地影响着顺丰的发展。有人把顺丰称为“中国的联邦快递”，不但因为顺丰在中国快递业不可撼动的地位，还因为王卫很多个重要的决定都来自联邦快递的启发。

美国联邦快递是弗雷德·史密斯创办的全球知名速递公司，商标为FedEx，为全球200多个国家提供快递服务，业务遍布世界各地，而且一直秉承着“隔夜送达”的企业信念。从1971年至今，弗雷德一直在做各种尝试，不断地试错、不断地创新，经历过多个起起落落，终于成就了今天旗下2万多员工，年收入300多亿美元的联邦快递。

联邦快递在发展过程中，遇到的最让弗雷德头疼的事情是整齐划一的标准模式问题，因为只有标准才能保证服务质量，这一点也是顺丰创办时王卫最费心考虑的事情。

要建设一条怎样的运营渠道才能实现公司的标准模式呢？创办联邦快递后的第二年，弗雷德带着专业的团队进行市场考察，一年之后，他发现，方法就是要建设一个庞大的自有网络，这里的网络不是指互联网，而是指能够提供运货速递服务的各种交通设备组成的一个网，比如陆路运输，以及航空专线。而要实现这个目标，最重要的一样东西正是他此时最缺少的，那就是资金。

不过，弗雷德很有胆识，既然了解了做速运的根本问题，那就全身心去做。他将自己当时所有的家当折现，一共850万美元，之后又去华尔街融资，拿到了近1亿美元的投资，所有这些他都投入到建设联邦快递的运营渠道上——买下了33架飞机。两年后，联邦快递就有了收益，又过两年，营业额超过1亿美元，净利润超过800万美元。

王卫就是从联邦快递的这种渠道建设中获得了极大的启发。他取消之前加盟和代理的经营方式，建立全国一体的自营模式；联邦快递“隔夜送达”，顺丰快递两天内一定送到；为了进一步加快速度，“非典”时期，王卫和航空公司签下合约，开始了天空的快递之路，并承诺24小时内一定送到；金融危机期间，他又发展了顺丰航空，拥有12架自有飞机……就这样，顺丰借鉴联邦快递经验，建立了全国统一服务网。

想要变成一个专业做事做公司的人，就要向行业内最为专业的人学习，虽然不能说是联邦快递成就了王卫的专业化和标准化，但至少是在相当程度上给了王卫很多的启示，在公司管理上也是如此。

快递行业的人员流动率很高，要想保证质量必须建立统一标准化的服务规则。对于庞大的公司团队来说，管理并不是一件容易的事情。来看看如今的快递行业发展就明白了，十几年的大公司，其他方面已经日趋成熟，但对于员工的管理仍然是发展的软肋。

联邦发展

- 隔夜送达
- 全部家当买下 33 架飞机
- 仅次于美国军队的无线电网络

顺丰发展

- 24 小时送到
- 发展顺丰航空
- 人手一个巴枪

联邦公司是如何应对这个问题的？弗雷德对设备和制度两手抓，成为美国首个具有快速跟踪快件功能的公司。弗雷德还将很多的高科技应用到快件的投递过程中，比如激光扫描设备和掌上电脑等。值得一提的是，联邦快递拥有自己的无线电网络，辐射范围仅次于美国军队。

这些给王卫的触动很大，他也特别舍得在设备上投资，每个员工手上拿的巴枪都价值不菲，整个顺丰公司几万名快递员，就有几万台这样的设备。这个设备一方面能够将快件的运送过程传递到网络中，以便客户查询，另一方面也能够借以检测到每个快递员的工作情况，以及收件绩效等。

王卫还给每台运输货物的车辆安装GPS，车子是不是在安全行驶，驾驶员有没有中途离岗，等等，都能够实时监控；一旦出了问题，延误了快件的运送，也能够第一时间查到责任人。这样的高投入还是很值得的，它保证了整个快递过程都在控制范围内，还能让管理落实到终端环节。

联邦快递刚开始的时候并不像现在这样无所不包，他们的业务是有条件的。比如重点发展小包裹业务，运送血浆、器官、药品以及重要文件这些需要速度的东西。辐射范围也只有美国5个离得比较近的城市。由于对市场有选择性，联邦快递在一开始就建立了自己的服务优势，积累了声誉，为后面的发展奠定了坚实的基础。

这一点给予王卫的启示是什么呢？当别的快递有件就收的时候，王卫却是有选择性的。他首先细分市场，定位中高端客户，之后，对包裹的重量有限制，由于寄大件不是自己的强项，王卫拒绝了摩托罗拉公司的物流邀约。市场和服务明确了，就能制定统一标准的价格。别的快递公司又杂又乱，顺丰却有其专业标准，有了比较，优势就凸显出来了，这才有了后来顺丰从区域做到全国的突飞猛进。

联邦快递和顺丰快递在很多方面都有着惊人的相似，也许是王卫在学习联邦快递，也许是一个企业发展必经的几个关键点。至于王卫能不能带出一个联邦快递，一切交给时间吧。

【延伸阅读】

››用生命捍卫价值观

人有梦想，才会有追求；有追求，就会有自己的价值观。企业也一样，有文化作支撑，企业才会持续发展。可能在某些人眼中，企业经营，只要业绩好就可以了，价值观、企业文化就那么回事，说来说去就那几句话，不过是因为别的企业有，我们也要有而已。我不完全这么认为。赚钱是为了公司的持续发展，为员工提供更好的发展平台，同时养活一些员工的家庭。当温饱不成问题时，我们要思考：人活着的意义是什么？

顺丰是一家民营企业，我们做事不是为了向谁有个交代，但我们要对得起自己的良心，对自己有个交代。我这一辈子做得最有意义和正确的一件事就是：让顺丰成为一家有良知、负责任的民营企业。我们这一批顺丰人，没有依靠政府的资助，没有坑蒙拐骗，而是老老实实、一步一个脚印，通过大家的共同努力走到现在。我的梦想就是：若干年后，顺丰成为民营企业成功的一个案例。我们是一群坚信诚信价值观的顺丰人，我们不为短期利益出卖自己，我们是能够干成大事的。当我的人生走到终点，这将是我自己最大的满足。成败不重要，关键是要有一种精神，这种精神是大家都认可的，能把大家凝聚在一起的。

3年后，顺丰是不是能成为中国民族速递业的骄傲，我们能不能打赢这场与国外对手的保卫仗……也许，最后这都不重要了。因为，我们要让大家看到的是：在中国的速递行业中，曾经有这样一批顺丰人，手牵手，心连心，一起努力过；曾经有这样一家叫顺丰的民营企业，能让对手从心底感到可怕更可敬！人可以输，但不能输掉尊严；死随时都可以，但要死得有价值——战死，好过做俘虏。我们的团队需要这种视死如归的军人气质。

我觉得，顺丰的企业文化正是源自这种正直、诚信、有责任感所体现出来的气质——我们要做堂堂正正的中国人！大家要真正认识我们的价值观，这种价值观是真正能支撑我们实现梦想的，从而理解企业在做什么，为什么这样做……并在理解的基础上行动起来。

有个高管曾说："那是王卫的梦，他在做梦。"我听了这句话，感觉很悲哀——如果我们的企业价值观在总部贯彻都有问题，还奢谈什么贯彻到地区、分部？如果我们的管理层的核心观都没有统一，传达到地区、基层的价值观会变成怎样？

价值观是整个顺丰的灵魂。没有明确的价值观，你就不能确立奖惩制度的方向。规章制度永远不能覆盖企业发展过程中出现的所有问题，那么，在对待一些不违规章制度的问题时，只能依靠价值观去判断对错。如果大家做任何事情的行为标准都是以价值观来衡量，我相信，顺丰是绝对没有问题的。2007、2008年我们开始提炼顺丰的企业文化，其实就是在提炼顺丰的价值观，价值观是企业文化的核心。顺丰要想成为最值得依赖和尊敬的中国速运公司，要体现出与其他企业的不同气质，其关键在于：我们所有的顺丰人，特别是高层管理人员，要有共同的梦想。

顺丰用人的价值观，并不只是看他的业绩好不好，嘴巴甜不甜，我们看中的是你的人品，你的工作态度……失败不要紧，只要你的态度是全力以赴，我陪着你继续闯关。但是，如果你没有尽力，你忽悠我，那不好意思，我不跟你玩。

在地区的管理中，有些涉及钱款的案例，在如何处罚的尺度把握上，有些人说："这些钱，数额这么小，有没有必要处以5类责任？经理、高级经理、区总都受连带处罚，是不是小题大做？"有些高管还为道德价值观有问题的人求情——你要搞清楚，这是牵涉到价值观的原则性问题——价值观不是用来讨论的，也不需要量化。

我把维护顺丰的价值观看得比维护我王卫的面子更重要，因此，我不会对公司里价值观有偏差的人宽容。“不是一家人，不进一个门。”在顺丰，和我们的价值观不一致的人，不管是哪个级别，迟早要走人。我在一些事情的处理上可能有些人会认为比较极端，但如果大家听完我今天的想法，希望你会理解：我为什么对一些事情的追求这么执着，对一些不讲诚信的人的处理的手法那么强势……我并不是要针对谁，因为大家都是我的同事。

大家在网上也看到一些帖子，有一部分是收派员因为遭到一些基层管理者的不公平对待或不诚信在骂公司。骂公司的背后，其实有的是在骂分部经理，因为他看不到经营本部总裁、地区区总，他天天看到的是分部经理，分部经理的言行举止是公司价值观的一个缩影。所以，如果你是区总，你千万要盯着分部经理——他的管制权威、他的一言一行都是你对他的授权，你代表谁？你代表着公司的授权，因为公司认可你。今天，我们要好好再看看这些帖子。看到收派员骂公司，我并不伤心，因为确实是我们的一些工作没有做好。

只讲不做不是我的风格。这么多年以来，顺丰没有特意地宣讲价值观，我只是想做给大家看——我王卫有没有讲一套做一套？我有没有追求名利……我敢接受任何挑战，如果你认为我在哪方面是讲一套做一套，指出来，我感激你。如果我个人做不到“阳光”，我没有资格在这里和大家讲“阳光”，如果我没有资格和大家讲“阳光”，这个企业是没有阳光大道的。

钱是永远赚不完的，今天你几十万年薪，你会有相应的欲望；明年你100多万年薪，你会有更多的欲望……对我而言，只有精神上的富有，才是真正的富有。要我牺牲顺丰的价值观，你开价40亿美元我都不会动心。因为，顺丰的价值观对我而言，已经凌驾于名利，甚至生命之上。

——2008年年底王卫《用生命捍卫价值观》的内部讲话

Part 4
做顺丰为了什么

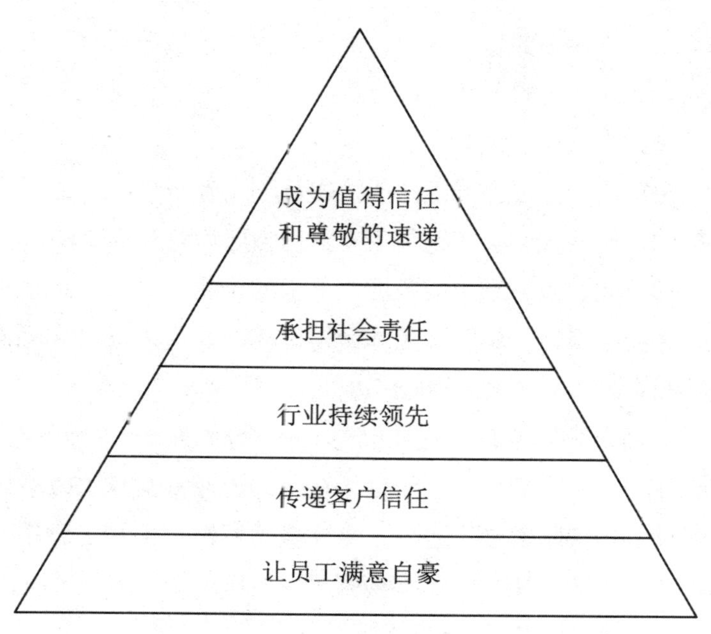

我做企业，是想让企业长期地发展，让一批人得到有尊严的生活。

——王　卫

如何让数万物流大军工作有尊严

前一阵子，一条很火的帖子在网上被疯狂转载，说有人用顺丰快递寄一个价值几千块钱的贵重物品，那人对着快递员千叮咛万嘱咐，结果快递员说的一句话让在场的人都哑口无言：“我一个月1万多块钱的工资，怎么会因为几千块钱的东西丢掉这份工作？”

在顺丰，珍视自己工作的快递员不止他一个。让公司成为最值得信赖和尊敬的速运公司，让每个员工有一份自己满意和自豪的工作就是王卫给顺丰定下的企业愿景。顺丰成为让人尊敬的企业，员工有专业的工作形象，顺丰人也才会变得让人尊敬，工作做得有尊严。这是王卫给员工最大的奖励，也是让顺丰团队有凝聚力的最好办法。

在顺丰公司论坛里记录着这样一个故事：一个女孩在进入顺丰第六年时，成了一位孕妈妈。由于爱人在外地工作，女孩生命中最重要的时刻只有肚子里的宝宝陪着她。也许是身体素质不好，也许是营养不足，女孩的眼睛出现了严重的炎症，每天都要到医院打抗生素，但是情况越来越糟糕，女孩被怀孕和眼疾折磨得疲惫不堪。

就在女孩焦头烂额之际，公司的同事们得知了女孩的情况，便轮流担负起照顾她的责任。工作上，尽力帮她分担，保证女孩的身体不疲劳；生活上，为了避免女孩一个人胡思乱想，住得近的同事就经常拉她去家里做客。到产检的时间了，同事们不放心，就陪着她，拿着单子在各个楼层跑来跑去；生完孩子回家静养的时候，她老公没赶来，领导和同事们却提着营养品登门了。

对这个女孩来说，在顺丰，她不仅得到一份工作，还收获了一群至亲的家人。她在论坛里写下了自己最想说的一句话：加入顺丰，真好！

为了拉近员工与管理者的距离，一向不愿谈私事的王卫甚至在内部刊物上讲起了自己的经历，以期能引起一线快递员内心的共鸣。在文章中王卫说："我觉得我算是比较幸运的，在合适的时间进入合适的行业，而与此同时，自己之前的经历和锻炼培养出来的素质能力又恰好是与这个发展需要相匹配的。举个例子，我很小的时候从内地去香港，之后从事快递行业又从香港回到内地，等我22岁创办顺丰的时候，已经经历了很多事，而且这些人生经历是其他人很难具备的。"

"我是内地出生，会讲普通话，也了解内地的文化，可以和员工很好地沟通，同时，由于我在香港长大，又能够学习了解西方的文化和思维方式。小的时候我家里的环境比较艰苦，后来我进到一些家族企业工作，看到很多家族人员之间钩心斗角的情况，有时候连我这个无辜的人也被牵连进去，所以从那个时候开始，我就对那种溜须拍马，拉关系的行为特别痛恨。"

"上述所有的一切，都是我在成长道路上种下的良性基因。这些基因，你说是偶然的，还是必然的？从我40多年的人生经验来看，所谓偶然也是必然的。一直以来，我不觉得自己的哪些地方比别人强，强在判断力？强在聪明才智？强在眼光超前，选中了物流行业？都不是，能够成就今天的事业，只不过在于之前的积累和自己的勤奋。所以态度很重要。"

王卫的这一番真诚的话让十几万员工感到自己的老板的亲切，在这样的环境里成长起来的员工，彼此间一定有很好的凝聚力和合作能力。他们能够相互理解、相互信任，懂得团结与合作对团队的重要性。"永远尊重人，信赖团队的力量"，这是王卫写给顺丰的其中一条核心价值观。

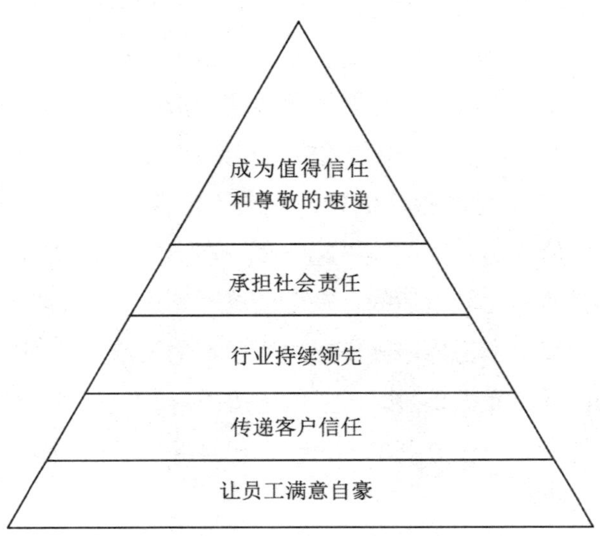

尊重的需要是人的较高层次的需要。在团队管理中，人人都需要受到别人的尊重。许多团队的管理者都有一个通病，就是对成员不够关心。如果平时不关怀、尊重团队成员，处处以命令的方式让他们做事，团队成员肯定会心有不甘，产生抵触情绪，甚至离开团队。而重视团队成员，平时多关心他们，重视他们的表现，听听他们的心声，采纳他们好的意见，他们就会自动自发地参与团队的各项工作，积极配合其他人来完成任务，公司上下就能形成强大的凝聚力。

凝聚力也能够让员工对工作产生责任感，意识到自己对团队建设需尽的职责，并乐于为团队的发展尽职尽责。在顺丰，客服呼叫中心是除了快递员之外最直接与客户接触的部门，他们的工作量很大，每年的最后3个月都是最忙的时候。这时候，人力资源、行政、客服等部门都会参与到协助呼叫中心的工作中来，经理、主管也不例外。忙碌让他们疲惫，也让整个团队更紧密地团结在一起。

金融危机的时候，全球的企业都在裁员，中国的员工也面临着下岗或者减薪的问题。但是王卫一直和员工站在一起，为他们加油鼓劲，他非但没有裁掉一个人，还在年终时给每个人发了一大份年货。员工们都说，他们在顺丰工作很自豪，因为公司处处都在为员工考虑，老板时时挂念着员工。

让员工为自己的公司自豪，并且在工作中获得尊严，这是一个企业能够留住员工最好的办法，也是王卫给顺丰员工最好的奖励。

绝不做机器人的集合体

曾有一名顺丰快递员吐露心声说，自己就算腿累得没了知觉也要快步走路，包裹沉得压弯了腰也要一口气爬上楼，遇到再胡搅蛮缠的客户也要挺住。所有这些他都不怕，唯独就怕自己没有做好快递工作，因为出一个有问题的快件、被投诉几次他就得卷铺盖走人。虽然这种说法多少有些戏谑的成分，但从中我们不难看出顺丰对快递人员有着较高的要求。

在顺丰，有一样和工资考核制度具有同样高级别保密要求的东西，就是《员工手册》，里面记录着顺丰的企业精神和文化，而对于员工来说，他们最关注的是行政条例和扣分制度。每年每个人有一定数目的积分，一旦犯了手册上的错误，就会被扣分，扣到零分就会被开除。比如，填错表格扣10分，留指甲扣4分等。

虽说一条条明文规定的条例将顺丰快递员变成了机器人，但其实这并不是王卫本意。

有一年，两个顺丰运货司机像平常一样到网点送货，没想到途中遇上车祸，车子翻成肚皮朝天，俩人身上也多处受重伤。事故现场的好心人帮忙叫来了救护车，没想到两名运货司机怎么也不肯上车，非要等到公司派来救援车，亲自把自己这一车快件完整地送到救援车上才肯放心。在年终表彰大会上，这两名司机被评为优秀员工，不过王卫表彰完他们后说了这样一句话：“在顺丰快递，做任何事情都不能将生命作为代价，我不希望你们这么干。”

从这句话我们能看出，王卫希望顺丰培养出的员工不仅是按照标准流程操作大型机器、开辟快递渠道或者寄件的机器人，而是成为他的精神合作者。

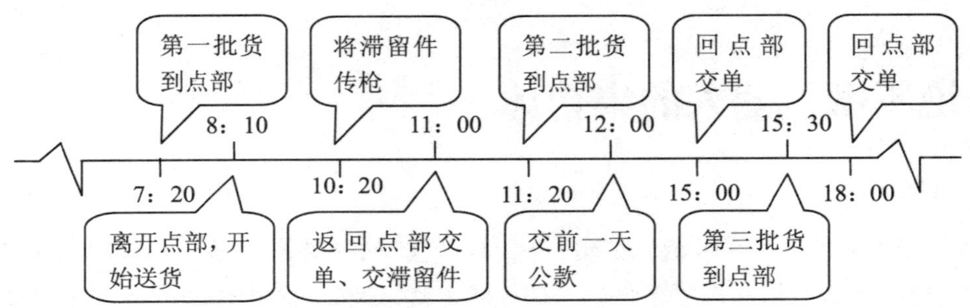

众所周知，快递员的学历在社会行业中处于较低的水平，为此王卫出版了顺丰内刊，定期发表文章，丰富员工的头脑。王卫曾经在顺丰内刊上发表文章，分享一些自己的做人做事之道，文章里写道：“首先是积极进取的思考方式。其实每件事情的发生都是有前因后果的，用佛家的话来说，这一切都是如因果在进行。我们今天的一切，其实都是由以前发生的事情所决定的。就好比一天，你在酒店突然醒过来，你不知道自己为什么在这里，那是因为你忘记了你的昨天、前天、大前天……所以命运没有无端的安排，只是你丢失了一段记忆。在命运的安排下，没有无端发生的事情，而唯一能改变这个进程的，就是人类的思考方式。这也是我今天要跟大家分享的第一点——思考。

“其次是追求真正长远的快乐。积极向上的人生，是所有人都向往的。这个世界上，没有人要追求痛苦，逃避快乐，但是，现在大多数情况恰恰相反，很多人往往追求到了短期虚假的快乐，最终得到的是长期无尽的痛苦。

所以第二点我想和大家分享的就是——追求。”

“除此之外，还有很多人是把自己的快乐建立在他人的痛苦之上，或者是通过出卖组织，出卖公众的利益来获得自己的快乐。其实这些都不是真正的快乐。比如有人在酒店对服务生态度很恶劣，为的是在朋友面前显示自己很威风、很有地位。其实这样做是很愚昧的，因为他把自己的快乐建立在了人家的痛苦之上。而被他无端辱骂的人是一定会恨他的，这种仇恨会带来各种各样的报复，形成一个恶性循环。他虽然获得了瞬间的快乐，但可能给自己和别人带来更多的痛苦。所以，真正、长远的快乐，是自己快乐的同时大家也快乐，成就自己的同时也成就他人，赢得别人发自内心的尊重。”

“还要学会正确看待人与我。追求真快乐是我们的方向，因此我们要正确地看待我们的人生。这是我要说的第三点——正观。正观就是正确地观察，正确看待自己。如何才能做到？其实很简单，就是用看别人的方法看自己，用看自己的方式看别人。茶余饭后，大家经常会说人家的是非，都很挑剔，可如果你看待自己的时候也能用这么挑剔的眼光，严格要求自己，那才是正确的态度。”

“最后还要有‘舍与得’的智慧。用正确的人生观去观察，去看待周围的事物包括自己，接下来还要懂得‘舍与得’。有舍才有得，这是我这么多年来的感悟。舍去你的憎恨，舍去你的埋怨，你会得到智慧；舍去你的‘面子’，你会得到尊重；舍去你的贪婪，你会得到真正的财富。同时，得到的这些都是永久的，会让你进入一个良性的循环。比如这样坚持下去，你会发现自己得到越来越多来自四面八方的帮助。而这一切，不去舍，就永远也没有得。”

顺丰还设有专门的法律和心理咨询和援助部门，以及培训、升职和人才储备等机制。甚至于一向羞涩的王卫还当起了红娘，组织联谊会，帮公司里的单身男女牵线搭桥。

王卫做这些就是希望员工不仅将口袋里的钱和公司拴在一起，头脑里的精神也和公司融为一体。“成为精神上的合作者”，这就是王卫给顺丰灌输的核心价值观，也是他经常倡导的“以人为本”的企业精神。

以人为本是确立企业价值观的首要原则。索尼公司创始人盛田昭夫说过：“如果说日本式的经营真有什么秘诀的话，那么，我觉得人就是一切秘诀最根本的出发点。”企业文化强调以人为中心的管理，强调把人放在企业的中心地位，在管理中尊重人、理解人、关心人、爱护人。

人的需要是一个由对物质条件的渴求必然上升为对精神生活的追求和升华的发展过程。因此，企业首先要满足和维持员工的物质需要，为员工提供基本的工作环境和物质保障。员工的基本物质需求和自尊得到满足，才会真诚地与人分享这种感觉并体现在工作中。

再次，要刺激、引导需要，即提供激励因素，引导需要向更高层次发展，如确立科学的价值观、培育员工崇高的精神和道德理想追求等。总之，现代企业须以人为中心，通过对人的需要的不断激发和满足来最大限度地调动人的积极性，使企业价值观得到丰富和发展。

投诉不间断，给点时间让它成长

2008年，一则关于顺丰快递的投诉案在报纸上被刊登出来。夏先生通过顺丰托运一批手机，总价值在10万元左右。收件人签收时发现货物很轻，便马上退了回去。夏先生打开快件发现里面少了许多手机，到顺丰投诉才发现遇到这种情况的不止他一人。按照顺丰规定的索赔办法，夏先生能获得1万元的赔偿金，可这也远远低于货物的金额。夏先生强烈抗议，但是顺丰快递表示，在托运之前有一个保价选项，如果选择了则按保价赔偿，没有选择就按

5倍于托运费的价格赔偿。不过，托运单上明确写着每单货物价格不得高于2万。

2013年元旦，刘先生通过顺丰寄出一箱海鲜，寄件时刘先生问能否当天寄到，快递员保证说，“今天不行，但是明天肯定能到”。这期间，刘先生一直提醒快递员一定要保证第二天寄到。谁知第二天朋友并没有收到海鲜，原来货物被扔在仓库里没寄出。直到第三天，朋友才收到这箱海鲜。

除了货物丢失和快件延误之外，关于快件损坏、快递员服务态度差的投诉也从没有停止过。

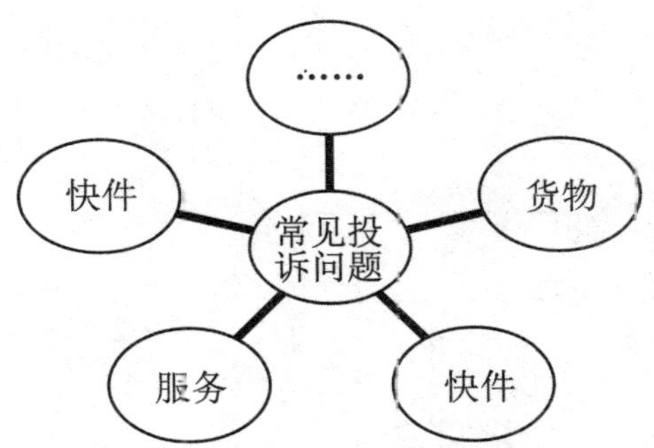

虽说现在快递业仍然不可避免有很多投诉，但相比几年前，这种情况已经大大地改善了。一方面是顾客敢于站出来维护自己的权益，另一方面是快递业越来越正规了。王卫曾把中国的民营快递发展比作“先生了儿子才拿到准生证”。快递业刚发展起来的时候，快递公司都是无照经营的，顺丰也不例外，是违规企业，是“黑速递”。所以一旦做业务的时候被邮政部门抓个正着，刚赚到的第一桶金就得赔个精光，王卫只得带着员工偷偷干。很多到北京顺丰做了很多年已经买上房的快递员回忆说，刚来时告诉家乡人自己在做快递员，老乡们都以为他是在做传销。

那个时候，王卫都不怎么敢想未来，因为不知道快递业能不能活过明天，当企业连生存都问题的时候，服务上自然没有太大的保证。所以，那时人们寄个快件就希望能顺利到达目的地，只要别中途丢了，在路上走的时间长点儿也没多大关系。

那时候，民营快递企业不能从政府手上拿到地，也不能配备机械设备，全部是纯手工作坊式的工作方式，这导致了工作效率很低，出错率很高，加上市场需求突然增大，寄送件的速度也就很慢。想知道自己的快件寄到哪里了，打电话问也不一定能查到。

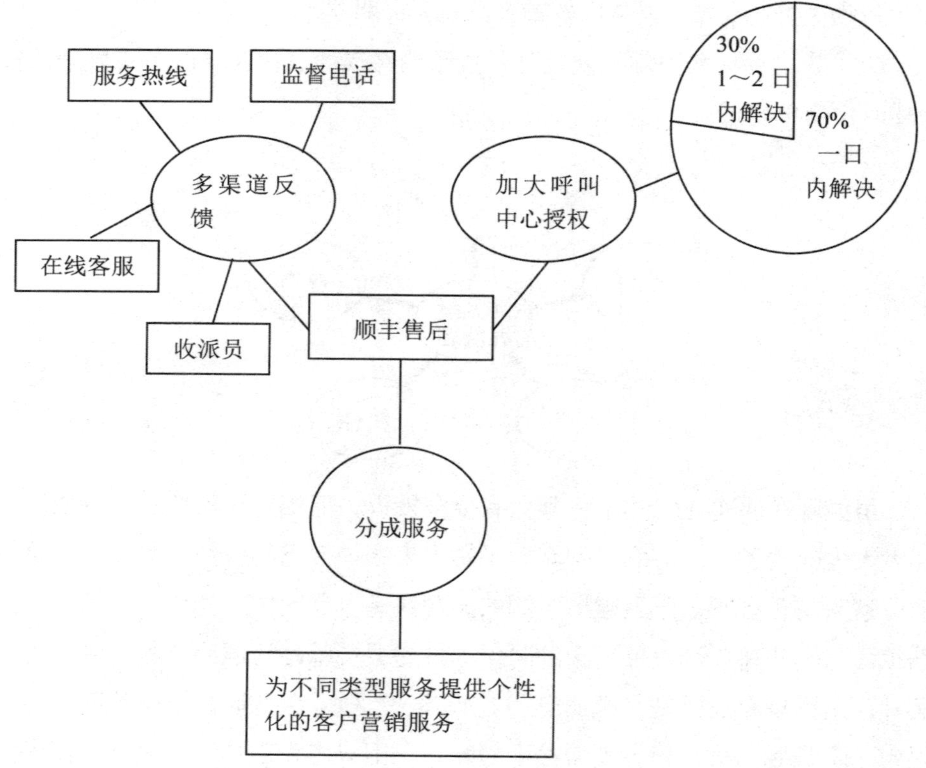

2009年，新的《邮政法》出台，民营快递企业得到政府的重视，大的快递公司都成立了自己新的配有机械设备的分拣中心。皮带传送替代了人工手抛，问题件越来越少，速度越来越快。想知道自己的快件到哪里了，直接到网上就能查到。公司还会远程监控运货车的情况，避免中途掉包情况出现。

这些年，王卫在提高顺丰的服务水平上投入了大量资金。比如，每年公司运货车都要增加2000辆左右，费用在3亿元左右；添置飞机的投入也上亿。这只是一次性投入，后期飞机的运输成本、维修、机组人员的培训等都需要持续不断的资金投入。

2011年，王卫还投资研发了一套自动化系统，用于自动分拣不超过10斤的快件和包裹，试用合格后就可以在全国投入使用，这不但能提高分拣速度，帮助省下不少时间，还能大大提高分拣的正确率。

但是，现在的快递业务量急剧增加，问题也不可能全部避免，服务质量并不是一朝一夕能够改变的，全面提高服务质量需要一个很长的周期，三年五年都不一定有效果，或许需要十年八年或者更久。

在创业之初别的快递都有件就寄的时候，王卫对顺丰就有服务质量要求。后来有人问他，为什么温饱都是问题，政策也有风险的时候，还要把提高服务作为重点去做呢？他说，人不同，做一家公司的目的也不同。顺丰不是只把业务指标当目标，不追求排行榜上的名次，也不追求多大规模，而是希望公司和员工都受到大家的尊重和信任。

经商这么多年，王卫一直觉得艺术家气质是企业能够长足发展的一个重要原因。做企业就是做人，为了钱而画画和为了艺术而创作得出的作品是不一样的，做事中倾注理想事情就能做好，而财富和利润就会随之而来。理想和追求像一个大手，推着你不断改正自己的错误，不断前进。不把企业单纯地当作赚钱的工具，而是要让公司和员工都能得到大家的信赖和尊重，这是王卫做人的标准，也是顺丰的愿景。

为了赢得尊重，王卫把服务作为顺丰最重要的事情，但是投诉不能也不可能杜绝。毕竟民营快递在中国的历史只有十几年，获得“准生证”也才5年，和国际知名快递相比，还有很多地方需要进一步规范和学习，当然，不是学它们的规模，而是它们的服务质量和声誉，学它们怎样成为受人尊重的企业。

现在顺丰已经有十几万员工，和客户直接打交道的一线和二线员工占了很大一部分。在客户眼里，他们是什么样子，公司就是什么样子。所以，对王卫来说，他面临着越来越大的管理压力，提高员工的素质也是他一直不能松懈的目标。

做企业不是为了赚钱

“乐善好施、扶危济困”是流淌在中国人骨子里的精神，王卫就经常说“做企业的目的不是赚钱”。他从来不把“回馈社会、关爱民众”这样的话放在嘴边，从未说过要肩负社会责任这样的话，但他确实在用实际行动践行着这样的信念，他一直带领顺丰的员工承担相应的社会责任，慈善工作一直也没有落下过。

所谓企业社会责任就是一个企业在提高自身利润的同时，对保护和增加整个社会福利方面所承担的责任，也就是对社会现在和未来的发展所承担的责任，既包括强制的法律责任，也包括自觉的道义责任。

“致力于承担更多的社会责任”是顺丰的企业愿景之一，但王卫是个很低调的人，对外捐款也大都是以顺丰快递的名义进行的。这些年，顺丰的慈善救助范围涵盖了扶贫助学、抗击非典、抗震救灾、灾后重建等多个方面：

2003年，中国遭遇非典，顺丰捐赠200万元。

2004~2007年，顺丰投入350余万元用于慈善事业。

2008年，发起“5·12大地震，顺丰在行动”，累计捐款近千万元并捐出可供3500人使用的帐篷，组织78名志愿者赶赴灾区救助和重建。

2010年，青海玉树地震，顺丰航空为灾区无偿运送发电机组，并捐款1000万元。

2011~2012年，参与多省的贫困小学援建，慈善投入上千万。

2013年，顺丰参与雅安赈灾，为各地赈灾物资提供免费物资运送，累计免运费达2700万元，用于教育、扶贫上的捐赠达1200多万元。

……

2008年5月12日汶川发生大地震，一得到这个消息，不到一小时的时间，王卫就带着顺丰高管成立了“5·12地震应急小组”。应急小组先是对四川地区的员工受伤情况进行了解，成立临时的联络中心，在准确地了解受到地震影响的人员、业务等情况后，以最快的时间做出应对。

王卫对四川网点的负责人说：首先，所有工作的重中之重是保证员工的生命安全，这是一切的前提；其次，在生命安全的前提下，作为一个有责任感和有担当的企业，顺丰必须要保证客户快件的安全；公司的财物安全放在最后一位。

在公司内部工作正常运转的情况下，顺丰全体员工凝聚起来，为抗震救灾做出了应有的贡献。一周的时间，包括顺丰港台地区在内，总部捐出697万，员工捐出228万。

除了捐款，还能做些什么呢？从发生地震时起，往灾区运送物资就成为除了救人外最重要的事情，这不正是顺丰的优势吗？王卫马上派出救灾小组，并且表示顺丰将为所有的政府和社会机构免费往灾区运送物资，同时顺丰四川网点每天提供4辆车做救灾专用。

看着一车车的物资运到了灾区最前方，这个平日里硬朗的汉子眼眶也湿润了。当得知灾区人民最缺的是帐篷时，王卫想办法买了许多帐篷送过去，解决了近4000人的住宿问题。除了捐钱捐物，顺丰的员工们也想亲赴灾区帮上一把，但考虑到灾区情况，最后王卫派出了78名志愿者，分3批进入灾区，参与救灾和灾后重建工作。

优秀的企业不仅在市场表现上优秀，在履行社会责任上也是如此。强烈的社会责任感能够增强企业的影响力，反过来促使企业在市场上获得更加辉煌的业绩。就像王卫写在顺丰内刊上的文章：真正而长远的快乐，是自己快乐，别人也快乐，这是与大家分享时才会有的一种感觉。有钱自己花，也许当时很开心，但那只是暂时的，并不能持久，而拿钱去帮助需要帮助的人，别人在你的帮助下越来越好，你也会非常开心，而这种能量是能够传递的。世界上的能量是一个平衡系统，你付出了什么，回到你身边的也将是什么。

【延伸阅读】

>>各位同事：

我们这次经历了顺丰有史以来最大的事故，初步估计受波及的快件达8000多票，票件总重在10吨左右，按初步的赔偿方案及免费补寄所产生的费用，估计造成的直接账面损失是以百万来计算的，而这个估算还没有考虑一些客户的追加索赔。该事故对公司声誉所造成的负面影响及由此带来的间接损失更是无法估计。

这是顺丰15年来所发生的最严重的事故，但是我觉得这个事故给我们造成巨大损失的同时，也使我们得到了一些东西，而我们所得到的远比我们失去的多。我们得到的是这场事故使我们认识到我们拥有一批热爱企业，对客户高度负责的同事，他们通宵达旦地点算、再包装、清理现场，这些同事在大雪中奋力救灾的时候并没有任何怨言，甚至没有提出要加班费，他们让全网络的同事看到在湖北区有这样一批无私奉献、坚守岗位、不计较个人利益的好员工。我觉得这种精神是用再多的金钱也买不到的，而金钱买不到的东西才是最真实的。这种精神代表的是一种凝聚力，我们的同事对待公司就像对待一个大家庭一样，共同支持她、共同维系她。

在这里，我对湖北区所有参与救灾工作的同事致以崇高的敬意，公司以有这样的员工为荣。同时，湖北区所有参与救灾工作的3级以下员工可以得到当月薪酬的30%作奖金，以作为公司对这些员工的谢意。当然，我们并不是想用钱去说明什么，这只是公司的一点心意。相信湖北区有了这样一批同事，必然可以尽快渡过难关，顺丰也必然可以在中国的快递市场立于不败之地，去面对任何困难和任何竞争对手的挑战，因为我们有着这样的员工，这样的一个大家庭！

——2008年1月16日王卫致湖北区参与江汉中转场重大火灾事故救灾工作同事书

Part 5

做企业，不要背心关法

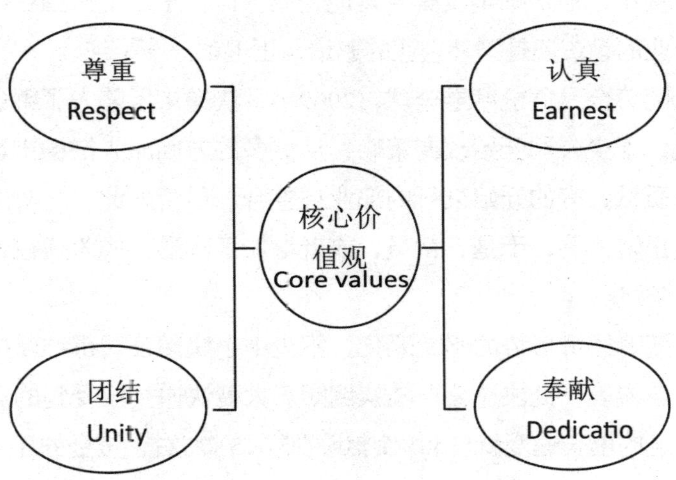

作为企业的老板，你一定要知道你为了什么而上市。否则，就会陷入佛语说的“背心关法，为法所困”。

——王　卫

用生命捍卫价值观

对大部分企业来说，上市融资是他们求之不得的事情。融资不仅能通过很少的成本花销拿到更足量的资金，有了更多的资金才能够为企业的进一步发展铺路。但是顺丰没有与其他企业一样，走上上市融资的道路。不管是国内企业的融资还是国外企业的邀请，王卫都一一拒绝。

随着金融危机席卷全球，2009年，快递市场陷入了萧条之中。为了应对危机，不少公司开始改变策略，从更多的方向深入挖掘市场，有的开始改善服务质量，有的开始进行内部业务整合。尽管如此，一时之间做出的改变也不能扭转大局，于是，裁员，或者增加工作量，成为摆在大型快递公司面前的两条路。

随着经济形势的不断恶化，不少中小快递公司都难以抵挡，上海一统、广州翔盈等一批快递公司陆续倒闭。大型快递企业受到的影响也不小，比如宅急送的增长速度就从40%突然降到了15%左右，资金的压力格外巨大，于是只能停止扩张计划，重新整理内部。

就在资金问题让各大企业头疼不已时，顺丰有着更好的选择，那就是融资。尽管顺丰受到的来自金融危机的影响并不如其他民营企业那么大，也没到需要裁员的地步，但是订单的大幅减少及其带来的连锁反应都成了顺丰亟待解决的问题。金融危机时期，顺丰丢掉的大客户就比2007年多出1.6倍。这个数字不容乐观，但是一旦顺丰融资就能够解决资金不足带来的许多问题。

2008年年底，王卫发表了《用生命捍卫价值观》的讲话，坚定不移地向融资说不。在王卫看来，危机并不重要，重要的是顺丰的精神和原则。其实早在外资初入中国时，顺丰遇到的危机就不断显现，这几年来经历过的危机也不少。仅仅从2008年这一年来看，年初的雪灾、“5・12”大地震、湖北地区突发大火、奥运时期国家对物流的严格控制，这一切无疑都在考验着顺丰，但是顺丰都顺利地挺过来了。也正是在这几年里，王卫提炼出了属于顺丰的核心价值观，那就是做一家正直、诚信、有责任感的民营企业。王卫认为，顺丰需要的员工是做事能对得起自己的员工，顺丰要走的路是写满“良知”二字的大路。因此，绝不能轻易向外资低头。

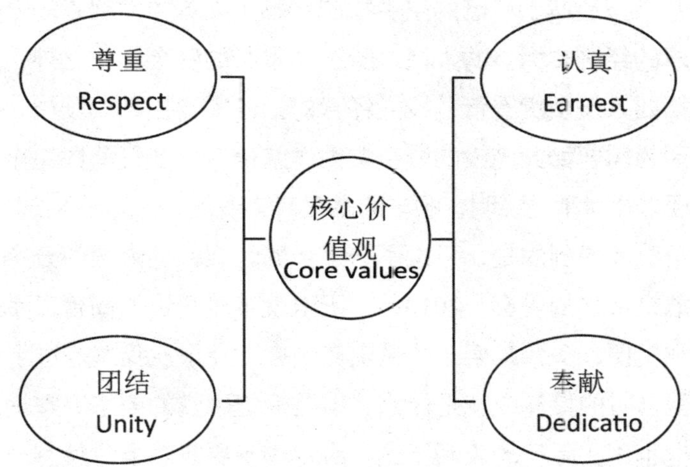

王卫在做事时总是显得谨慎小心。在外界看来，就算金融危机让整个快递行业陷入了泥沼，不少企业甚至被它吞没，但是顺丰必然会出现在最终存活下来的企业名单之中。可王卫就没有这样的信心。

在这场讲话中，王卫就显得有些过于壮烈，仿佛面临着如韩信背水一战般的艰难局面，却没有韩信必胜的决心。他不断弱化金融危机可能带来的结局，强调员工们携手一心、共同奋斗的过程。

他说，他想要的是顺丰在此次应对危机的过程中展现出的气节。最终顺丰会怎么样不重要，重要的是要让人们知道，要让那些外资知道，在中国，有一批人，有一个叫顺丰的民营企业，是他们能够摧毁物质却不能摧毁精神的存在。一个人在战斗中输掉，这没什么，输掉的结果不重要，重要的是怎么输掉的。人应该保持自己的尊严，让失败变得有价值，否则就毫无意义。在这场与外资血拼的战役中，王卫认为，宁肯死，也决不能当俘虏。

尽管王卫表现得非常悲观，但实际上顺丰有能够顺利渡过危机的能力。就在2009年，国内陷入经济低迷、资金紧缩的窘境之时，王卫却出资购入了两架飞机，开始打造属于自己的空中物流。不少人这才发现，顺丰实际上拥有着非常雄厚的经济实力。购入飞机除了其本身的资金支出之外，还需要配套的场地，需要人员负责看管，投入经营的话还需要招聘驾驶员，以及各种设备，就是因为需要如此庞大的资金实力作基础，众多民营快递企业始终不敢轻涉。而顺丰此时举动说明，顺丰的底气其实很足。

但令王卫没有想到的是，只过了一年多的时间，国内大部分企业就已经走出了金融危机带来的阴影。2010年，王卫就曾对身边的高管表示："当初就应该趁着飞机便宜多买几架，结果现在失去机会了。我真是过于保守。"

不管王卫当时的打算究竟是什么，但是拒绝融资的姿态完整地展现在了人们面前，他也用实际行动表明了这个决定决不更改。当时就有一位快递业内的资深人士评价说："整个国内市场，最具有收购价值的就是顺丰。不管是联邦快递、UPS，还是海航，都想要将这家公司纳入囊中。若不是王卫强硬的拒绝姿态，他们也不会将目标移向别的快递公司。"在他看来，王卫所说的"拒绝融资"已经将顺丰推入了非常艰难的局面，当危机来临又没有足够的资金时，顺丰要么杀出条血路，要么只能等死。

不得已的首次融资

说起顺丰，快递行业业内人士的普遍印象都是资金充裕，老板低调，拒绝融资。但是，2012年9月，网络上关于顺丰“接触”资本的消息突然流传开来。该消息称，深圳触电电子商务有限公司创始人龚文祥表示，顺丰现在正和许多私募股权投资方进行接触，进行融资恐怕并不遥远。

私募股权投资，业内常常用缩写PE表示，是指对非上市企业进行的权益性投资，从而拉高该企业的上市市值，最终通过上市或并购等方式出售股票来获得利益。传闻还具体说明了此次顺丰联系的PE公司，是弘毅、中信等好几家具有相当实力的顶级公司。

一直以来，顺丰拒绝融资的姿态给公众留下了非常深刻的印象，不仅是金融危机时顺丰的表现，领头人王卫更是明确说自己不愿意上市。他认为，一旦一家公司上市，就需要将每一笔投资向股民交代清楚，要说服他们这笔钱会得到立竿见影的利润，但是王卫认为自己不能保证这一点：“我做出的决定有时候要经过很久才能出现效果，有时候甚至还会出现错误，要保证短期内盈利实在过于困难。”

就是因为顺丰一贯以来的此种形象，此次融资消息的出现引起了许多人的关注。面对着甚嚣尘上的PE传闻，顺丰无法再继续保持沉默，其官方微博对此回应道：“一直以来都有资本找顺丰洽谈，但顺丰并未与任何资本签订任何协议。感谢大家对顺丰的关心！”

这个回应尽管令市场的诸多猜测平息下来，但是也有不少人注意到，顺丰并没有直接否认在融资这个领域的试探。也就是说，顺丰将来仍有进行融资的可能。

与这个传闻同样令快递业注目的消息还有一个，那就是联邦快递和UPS获得了国内快递牌照。这些国际快递有着顺丰难以媲美的实力，在进入国内市场后不久就冲击了顺丰的高端市场。在2012年企业经营的统计里，顺丰的增长开始放缓，只达到了30%，而在2011年，顺丰都还保持着50%的增长。

在竞争变得如此激烈的情况下，顺丰就算做出了融资的决定也不足为奇。

一年以后，顺丰果然迈开了融资的脚步。2013年8月，顺丰公开承认其与元禾控股、招商局集团、中信资本这3家企业签订了入股协议，约定这3家公司将拥有顺丰25%的股权。

一时之间，舆论哗然。不少人开始怀疑王卫的最终目标是上市，但是顺丰的副总裁王立顺否认了这个说法。他表示，顺丰目前不缺资金，短期内也没有上市的打算。之所以做出融资的决定，是因为现在竞争的加剧。快递企业的发展就如逆水行舟，不进则退，资本与市场的结合也已经是大势所趋。尽管顺丰进行了融资，但不会因此改变未来的发展计划和战略。之所以选择这3家公司，则是因为它们认可现在顺丰的发展速度和模式，不会硬逼着顺丰上市。

尽管顺丰方面的解释非常通透，也说明了一些问题，但是仍有不少人认为这个举措背后没那么简单。北商商业研究院对此进行分析后认为，顺丰其实并不是为了融资，而是为了取得这3家公司背后的资源。我国的第一支国家级风险投资母基金就是元禾控股和国家开发银行合作成立的。除此之外，元禾控股的业务还包括我国规模最大的天使投资基金和我国首家科技金融超市。中信资本则有着雄厚的资金力量，涉足产业包括房地产、直接投资、资产管理、创业投资等领域，可以说合作面非常广。招商局集团则让顺丰在海外的业务取得了便利，它是驻港大型中资企业，除内地以外，在中国香港、东南亚都有业务。

除了出于对未来发展的考虑之外，国内竞争压力的变大也让顺丰感受到了威胁。EMS早已通过上市融资拿到了99.7亿元的资金，中邮速递上市的脚步也在跟进，来自国企竞争的压力让顺丰有些坐立不安。

除此之外，各大民企也不甘落后。以往，“四通一达”服务差、效率低、暴力分拣等情况非常显著，顺丰通过比对手更优质的服务拿到了更多的市场份额。而今，这些公司改善形象的举措不断出台，内部不断整顿，开始积极与顺丰竞争。不仅如此，圆通在航运和信息系统方面也加大了投入，申通、韵达也在公司内部大力推行标准化运营的现代经营模式。

就在顺丰首次融资之前，申通就买下了天天快递60%的股份，圆通也在为上市积极做准备。据业内人士估计，若是进展较快，圆通很可能在2015年年底成功上市。在各大快递企业不断发力争夺市场的时候，形势变得越发严峻起来。

国内竞争的压力让顺丰明白，若再不采取措施，恐怕只能坐以待毙，因而打破其一贯的姿态也就变得理所当然了。

古玉入局，弥补短板

对顺丰开启首次融资的关注还未降温，古玉资本也将加入向顺丰注资的集团军的消息再次将此事炒热。2013年10月，王卫难得地与元禾控股、招商局、中信资本、古玉公司等4家即将成为顺丰一员的公司领导人公开亮相，证实了顺丰融资所言非虚。

在这次公开亮相中，顺丰传达出的消息让不少经济领域、快递行业的资深人士不断回味，试图揣测出顺丰真正的意图。

在向顺丰注资的公司中，尽管多了个古玉资本，但是它实际上只占据了不到2%的股份，显得很不起眼。古玉资本成立于2011年年初，是一家公司制股权投资机构，投资业务主要集中在新加坡、中国香港、北京、苏州、成都等地，在环保、移动互联网、文化等产业上均有涉及，是一家非常低调，在网络上甚至很难找到资料的公司。

随着资本的进入，顺丰内部的格局也出现了变化。其中最引人注目的就是这个古玉资本，当元禾等有实力的大企业只是安排人员出任董事一职时，王卫却把副董事长的位置给了古玉的领导人林哲莹。

这不由得令人费解。王卫究竟是出于怎样的考量，才拒绝了众多大型企业的橄榄枝，反而将古玉的位置抬得如此之高。有人认为，这是因为古玉的董事长林哲莹曾经担任过国家商务部外资司的前副司长，对外资、国外市场有着比其他人更深入的看法，王卫此举旨在为未来进军全球布下棋子。这个说法有一定的可信度。就在前不久，王卫费尽心力终于完成了在美国全境的网点布局，顺丰的跨境寄递和海淘业务也仍处于起步阶段，为了未来在国际市场上的进一步发展，王卫需要了解外资、外国企业的人才。

除此之外，王卫与招商局的紧密联系也给人无限猜测的空间。从两家公司的发展来看，招商局需要顺丰来补足快递上的短板，而王卫则希望在别的方面能够取得突破。据了解，顺丰早在几年前就非常低调地注册了顺丰银行和顺丰支付等涉及金融类的域名，因而不少人认为，顺丰此举还可能是在为未来涉足金融产业打下基础。

由于顺丰向来在资金上丰足，因而此次融资资本的投入方向令人们好奇。大部分人认为，顺丰将这笔钱投往全新领域的可能性非常大，因为就目前来看，顺丰完全有能力平衡自身的发展，机器、设备等问题也从来没有困扰过顺丰。王卫打破自己的承诺进行融资，想必一定有了一套全新的发展方案，否则又怎肯做出如此大的让步。

王卫即将采取怎样的行动令人瞩目，而快递行业又将因此受到怎样的影响同样牵动着不少人的心。

做物流地产，获得新砝码

现代物流地产主要包括了物流园、物流配送中心、物流仓库、物流分拨中心等经营专业现代化的物流设施的载体，同时也是开发商整合政府、社会、利益相关者以及其它组织等各种资源，开发建设物流基础设施，交付客户使用并提供专业服务的过程。物流地产是由美国的普洛斯公司率先提出并实践的，开始于上世纪80年代，至今为止已有20多年的历史，已在欧美地区取得了较好的发展。

中国的物流地产起步则相对较晚。2006年，国家住宅地产“三限”政策出台，地产商们在住宅地产领域发展受限后纷纷转向其他地产领域，自此物流地产才真正开始被地产商们所重视。然而住宅地产发展受限的影响并不完全足以掀起物流地产的投资热潮，物流设施的供不应求才是各开发主体跃跃欲试的原动力。目前我国的国际标准仓库总存1300万平方米，仅相当于美国波士顿一个城市的水平。随着全球制造业的复苏和国内消费市场的急剧增长，环渤海、长三角、珠三角等经济较发达地区的仓储空置率快速下降，很多地区甚至出现“一库难求”的场面。由此可见，仅仅就物流仓库设施而言，其供给缺口已十分惊人。

同时，随着电商产业的飞速扩张，物流成为了制约电商产业发展的关键要素。这一关键要素中又包含了快递、仓储与分拨这三个核心子要素，而这三大要素的高效协同可以通过物流地产的高效运转来实现。因此，以卓越亚马逊、阿里巴巴集团、京东商城等为代表的电商企业也大举进军物流地产领域，纷纷建设“电商企业+自建物流园区”运营配送中心，以期突破企业扩张瓶颈的新砝码。然而，电商虽然是物流地产的重要目标市场，但物流地产的使用者并不仅只有电商，更多是国际性的第三方物流公司，因此，对在物流领域缺乏一定沉淀的电商企业与在电商领域缺乏经验的物流企业而言，若想要插队进入物流地产市场取得竞争新砝码，都并非易事。

2013年，江苏顺丰电子商务产业园项目的正式签约是顺丰正式涉足物流地产领域的重要标志。此时的顺丰已不仅仅是一家物流企业，自2012年5月顺丰优选正式上线后，顺丰以全新的模式在电商领域获得了宝贵的积淀。可见，在物流与电商的双线支撑下，顺丰涉足物流地产领域并不是草率之举。

江苏顺丰电子商务产业园采用“政府主导，共同规划，企业管理、市场运作”的模式运营，以电子商务企业、电商配套资源供应商及综合配套服务企业为主要目标客户，业务范围主要包括了电商综合服务、仓储服务、快递物流服务、金融服务四大板块。对顺丰而言，这是向另一个领域踏足的第一步，也是关键的一步，因此，顺丰提出了“打造中国电商产业园样板”的目标口号。一旦这个目标得以实现，顺丰不但能获得分量十足的物流地产领域的“敲门砖”，顺丰在其原有物流领域与电商领域的核心竞争力也将大幅提升。然而要成为样板并不是一句话的事，如何在运营模式与业务模式上有所创新形成核心竞争力是顺丰得首要考虑的问题。

无论如何，在多地纷纷建设电商产业园的热潮中，江苏顺丰电子商务产业园已然“低调”招商。下一步如何，外界未可得知。如果真能有样板出现，未尝不是整个物流地产行业的幸事。

顺银金融，打造供应链闭环

顺丰的快速发展，让掌舵人王卫不再满足于快递业本身，而是萌生了走

“全产业链”发展道路的想法：向上做电商、第三方支付，向下做便利店。于是就有了第一代顺丰便利店、第二代“嘿客”便利店与第三代顺丰店的相继问世，以及顺丰E商圈网上商城与顺丰优选的投入运营。拿王卫的话来说，这样做是要“让资金流、物流、信息流三流合一，打造出一个不同于国内任何一家快递公司的新模式”。

“顺丰宝”是2010年顺丰E商圈网上商城投入运营时推的配套支付工具，它的推出标志着顺丰金融大幕的正式拉开。此后，顺丰的动作也越来越大，很快就注册了“顺丰支付”、“顺丰银行”等金融类域名。2011年12月，“顺丰宝”正式获得央行颁发的第三方支付牌照——《支付业务许可证》，标志着顺丰未来开展第三方支付业务获得了名正言顺的资格。在取得“顺丰宝”支付牌照的同时，为了试图在金融领域加速开疆辟土，2011年顺丰又成立了“顺银金融”为平台的金融交易部门，2013年年底，顺丰又专门成立了垂直金融服务部门——速运金融保险服务事业部，这意味着顺丰已有了两大事业部主打金融业服务，只不过“顺银金融”侧重平台型，速运金融保险服务事业部侧重物流链上为银行和保险机构服务。

顺丰作为一家民营快递企业，为何对第三方支付特别青睐呢？这还得从顺丰跨界涉足电子商务说起。事实上，国内电子商务发展迅速，除了得益于互联网的飞速发展外，以“支付宝”为代表的第三方支付的启动也为电子商务市场的培育和普及打下了坚实的基础。

快递业务作为顺丰的核心业务，其客户大多是实体商业用户，其线上用户的占比不大，但却涉及到大量支付问题，因此搭建自己的支付平台，是快递物流企业保证资金安全，甚至降低金融成本的重要方式。但对当时的顺丰而言，搭建自己的支付平台并不是迫在眉睫、必不可少的，直到顺丰电子商务平台投入运营后，消费者的支付体验才成为了平台绩效评估的核心问题之一。拥有属于自己的支付平台也是顺丰能够实现对供应链上资金流的有效掌控与充分利用的必要支撑。因此，当实体商业资源整合基本完成后，顺丰开始大力介入电子商务业务，打造自己电商平台默认的支付工具，从而带动自身的物流业务，形成联动，在经营上实现突破，这是顺丰拓展产品线充分利用资源能力的必然选择。至于继“顺丰宝”之后的，顺丰在金融领域仍然动作频频，这与顺丰的全产业链发展思路的深入细化是密不可分的。

随着社会化生产方式的不断深入，市场竞争已经从单一客户之间的竞争转变为供应链与供应链之间的竞争，同一供应链内部各方相互依存，“一荣俱荣、一损俱损”；与此同时，由于赊销已成为交易的主流方式，处于供应链中上游的供应商，很难通过“传统”的信贷方式获得银行的资金支持，而资金短缺又会直接导致后续环节的停滞，甚至出现“断链”。维护所在供应链的生存，提高供应链资金运作的效力，降低供应链整体的管理成本，已经成为各方积极探索的一个重要课题，由此可见“金融”才是打造供应链闭环的关键。

近日，顺丰的金融平台——顺银金融又正式获得由央行发放的银行卡收单牌照。据了解，所谓银行卡收单业务，是指银行和非金融机构等收单机构通过受理终端为特约商户提供的受理银行卡（包括信用卡）并完成相关资金结算的服务。第三方机构的收单业务，主要是靠收单、做大规模、在银行与商户之间吃点价差来获得。有业内人士表示，此次顺丰获得的银行卡收单业务，不属于新增的业务，而是属于内容变更的新增项，但对顺丰来说，却一下拥有了两大第三方支付牌照，这也为顺丰未来切入第三方支付市场铺平了道路。

然而，顺丰的意图并不仅止于此。据顺丰金融交易平台——“顺银金融”一高管透露：“虽然获得了两大第三方支付牌照保障，但顺丰的金融交易业务主要还是纯粹做内部服务，是整合升级集约化功能系统的一个工具。而银行卡收单则瞄准的主要是顺丰的客户，尤其是为合作的电商企业，提供支付、供应链融资等服务。这一针对内部支付业务的工具目前正在加速整合，两三年内不会对外。”同时，顺丰副总裁王立顺也曾表示：“在线下社区中，金融服务需求巨大，未来，速运金融保险服务事业部将和门店一起合作，发挥出金融服务的功能。其中嘿客门店提供渠道，充当前端，服务的后端由我们来做。”

因此，顺丰要做的并非传统意义上的互联网金融和对外的金融交易，供应链金融才是顺丰在金融领域的未来走向，特别是在客户货款结算和金融快递基础上的服务层面，这将是其发力的主方向。当顺丰逐步把其传统商业客户的支付、金融服务俘获之后，顺丰旗下的速递业务、代收货款业务都将全部整合到自己的第三方支付等金融运营中，届时也将把其最终的商业版图再放大。而当顺丰快递与顺丰优选、顺丰社区便利店、顺丰金融等业务真正实现融合之日，顺丰的威力才能真正得以凸显。

【延伸阅读】

谈融资：上市会让企业变得浮躁

《羊城晚报》：有没有让顺丰上市融资的打算？

王卫：其实这个问题可以回到宗教信仰上来，我认为，做企业的目的不是为了赚钱，我是想做成一个平台，通过这个平台我可以实现我的价值和理想。

上市的好处无非是圈钱，获得发展企业所需的资金。顺丰也缺钱，但是顺丰不能为了钱而上市。上市后，企业就变成了一个赚钱的机器，每天股价的变动都牵动着企业的神经，对企业管理层的管理是不利的。我做企业，是想让企业长期地发展，让一批人得到有尊严的生活。上市的话，环境将不一样了，你要为股民负责，你要保证股票不断上涨，利润将成为企业存在的唯一目的。这样，企业将变得很浮躁，和当今社会一样的浮躁。

《羊城晚报》：您认为上市会对顺丰的发展不利吗？

王卫：是的，做企业应该踏踏实实的，真正想做好企业，不一定要上市，要做基业常青的企业，就要有远大的愿景，要为未来进行大胆的投入、大量的投入。成为上市公司后，你的每一笔投入都要向股民交代，说服他们这笔投入是有利可图的，是可以在短期内获得利润的，要有业绩出来，这个我恐怕做不到，我真的没有办法保证对未来的战略性投入可以有立竿见影的效果，更不能保证我不会失败，这也违背了我做企业的精神。

同时，国内快递行业面临着国际上4大快递巨头的竞争，一旦上市，就要信息披露，企业就要变得透明，这样将不利于我们制订战略性的计划。作为一家正在快速成长的企业，更加有需要保护好自己的商业秘密。

所以，作为企业的老板，你一定要知道你为了什么而上市。否则，就会陷入佛语说的“背心关法．为法所困”。可以说，顺丰在短期内不可能上市，未来也不会为了上市而二市，为了圈钱而上市。

Part 6

最好的服务，内生而外化

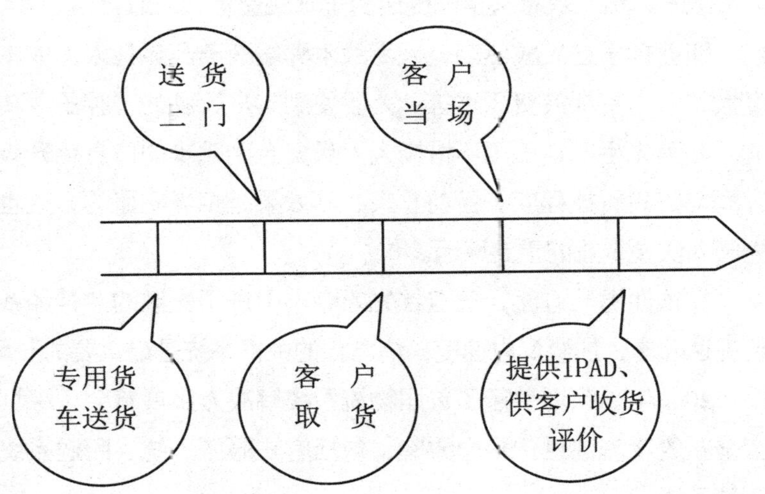

我没有条条框框，一切都回归到“面临什么问题，需要什么东西”。

——王 卫

顺丰的“神经系统”

快递行业在中国大陆兴起的时间并不久，现在已经成为行业巨头的各大民营快递也都才成立20年而已。整个行业在发展初期，完全没有技术含量可言，这也是人们对快递行业一直存有误解的一个原因。顺丰在初期也采用了人海战术，员工数量甚至一度达到全球快递企业之最。

随着顺丰进入成熟期，人海战术弊端渐渐凸显：人力成本增加，调度难度大，人力资源浪费严重等。为了使顺丰从臃肿的“胖子”转变为身手矫健的“健美先生”，王卫不惜投入大量资金到顺丰的信息化升级中，全方面提升顺丰的高科技程度。目前看来，其效果是相当明显的，这也是顺丰能够领先国内快递企业的重要原因。

在软件提升方面，王卫首先为顺丰引进了先进的“神经系统”。王卫想要提速顺丰，加快反应速度，信息化的中枢系统是最重要的一环。

2006年，深圳举行了首届物流系统解决方案展览会，深圳电信展示了一套全新的物流信息化平台方案，包括客户服务系统、配送系统、运输系统和仓储系统。

这仿佛是为顺丰量身定制，王卫毫不犹豫，在业内率先引入这套系统。随后顺丰与深圳电信合作，建立了顺丰深圳呼叫中心，并逐渐在全国主要城市设立分拨呼叫点。这样一来，无论客户身在何地，只要呼叫顺丰快递服务，都会集中到各个呼叫中心，进而由呼叫中心向离客户最近的快递网点发送客户需求，客户由此得到最快捷的服务。

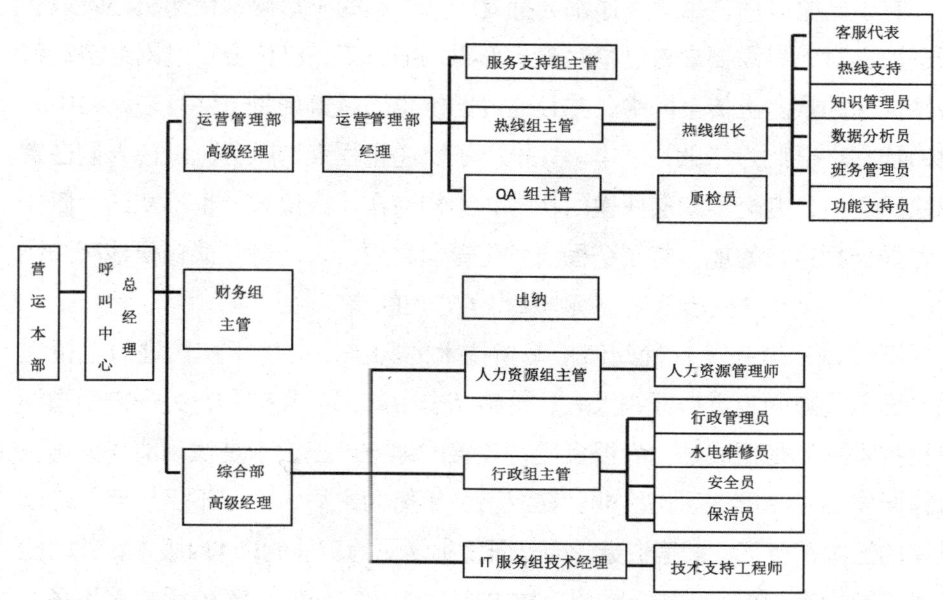

顺丰是如何依靠客户的一个电话准确定位的呢？

这就需要一个拥有全球定位系统（GPS）的全国网络。顺丰为此在深圳华南城与深圳电信建立了“全球眼”追踪定位系统，与呼叫系统完美配合，顺丰因此拥有了业内最先进、最全面的信息化网络。

拥有信息化网络还不能完全解决问题，从网络到一线快递员还需要有传输信息的工具，为此王卫给全体十几万员工配备了先进的手持终端设备HHT。HHT与PDA类似，就是能够沟通一线操作员与整个物流系统的手持媒介。HHT因为外形像一把手枪，在顺丰内部也被称作巴枪。

初代巴枪来得不容易，为了配合顺丰的信息化网络，王卫从韩国进口了巴枪，当时每把价值7000元，而顺丰有十几万员工，对于刚刚进入成熟期的顺丰来说，这笔开销是相当大的。由此也可想而知王卫在提升顺丰科技含量上下的决心。当时国内的其他民营快递企业还停留在电话和短信联系快递员的阶段，顺丰已经开始进入信息化时代。

有了巴枪以后，每件快递都会拥有一个专属的条形码，快递员在收取和派送快递时，只需要拿着巴枪对着条形码扫描一下，巴枪会通过网络自动将该件快递的状态上传至网络，并且通过巴枪也可以查询每一件存在网络中的快递状态。以此为基础，顺丰率先推出了快递全程查询服务。以往人们在寄出快递之后，完全不知道快递的状态，不知道在什么位置，也不知道大概什么时候会到达目的地，有了全程信息化管理之后，人们可以很轻松地获知快递的信息。快递过程透明化让顺丰获得了客户的信任。

不过，王卫并没有就此停止革新技术的脚步，在使用初代进口巴枪之后，王卫一方面也觉得开销太大，价格完全由韩国厂商控制，另一方面觉得巴枪技术并不是很成熟，有很多亟待完善的地方。王卫于是找到清华大学，合作研发自主品牌的手持终端。在经历多年努力之后，王卫不仅放弃了韩国进口的巴枪，省下一大笔资金，而且研发出了更为智能的HHT4版本，此时的新式巴枪拥有GPS、蓝牙、拍照、WiFi等功能，完全与一部3G手机差不多，目前已经获得了十余项国家专利。

此后，为了加强各分部、点部之间的沟通交流，王卫还引进了数字网络传真机。企业各网点或者分公司之间的交流，基本都是通过传真机进行的，不过一般的传真机难以跟上顺丰的信息交流速度。在庞大的顺丰快递网络中，每时每刻都会有指令发出，雪花般的传真足以让一般的传真机堵塞，甚至死机，这给顺丰内部交流带来了不小的麻烦。

而数字网络传真机不仅可以帮助顺丰避免网络堵塞问题，更可以实现市话传真收费，这对于分部覆盖全国的顺丰有着相当可观的降低成本的意义。

数字网络传真机除基本传真功能外，还有专门为顺丰特制的功能：直接上传文件功能，路由功能和传真打印功能。通过这套全新的数字传真网络，顺丰内部沟通再无障碍。

这些只是王卫为了提高顺丰运转效率，为了企业向国际四大快递接近所做的科技投入的一部分，在这些高科技产品应用到顺丰之后，顺丰运转效率大大提升。这不仅让顺丰成为业内最快的快递企业，同时也为顺丰节省了大量的开支。不过还应该看到，在追赶国际快递巨头的路上，顺丰还有很远的路要走，就拿王卫引以为傲的巴枪来说，最先进的HHT4版本巴枪，科技水平也仅仅相当于联邦快递在20世纪90年代的水平，路漫漫其修远兮。

信息化管理：顺丰为何如此之快

“治大国若烹小鲜”，领导公司也是同样的道理。

想要烹调出一道美味佳肴，首先必须有非常充足的高质量食材，其次要按照标准的程序进行烹调。食材是最基本的材料，没有食材，任何考虑都是空想。而食材的质量决定着这道菜最终的美味程度，一旦食材的质量出了问题，最终菜品的整个口感就完全变了。按照规范的程序进行烹制也非常重要，若是程序上出了问题，从小的方面说会浪费更多时间，从大的方面说则可能让整个烹调过程的努力完全付之东流，最终这道菜也会毫无鲜美可言。

顺丰主打的是“快”的招牌，在大型快递企业中，顺丰的速度一直令其他快递企业望尘莫及。在当今这个信息化时代，必须更快一点才能跟上时代发展的步伐，只有在速度上超越其他同行才可能赢来最好的机遇。顺丰之所以能够做到这一点，全赖于王卫打造出的信息化管理机制。而将这道机制烹调成“美味佳肴”的，就是王卫不惜花重金买下的高品质“食材”和他倾尽心力打造出的标准化程序。

这些重要的“食材”中，首先要说的就是顺丰员工人手一部的HHT手持式数据终端，通过这个终端，顺丰的每一个员工都可以将自己接下的订单的具体情况全部输入顺丰的主系统，简单省事。

再下来就是每辆顺丰送货车上配置的GPS全球定位系统，通过这个系统，能够实现对货物位置的精确把握，不仅方便顾客查询货物位置，若是货物运输过程中出现问题，还能顺利归责。

然后还有自动分拣技术。这个技术可谓顺丰高效运营的关键之一。通过对这个技术的应用，顺丰成功实现了全天候24小时无差别自动分拣。这个技术减少了大量人力资源的浪费，节省了更多的时间，也是顺丰之所以能够如此之快的重要原因之一。

以上这几样东西构成了烹调好信息化管理这道菜色的基本食材，没有这些，最终的“鲜美菜品”就无法出炉。

此外，我们还需要葱姜蒜等辅助食材，它们就是条形码技术和GPRS技术。通过条形码技术，顺丰完成了普通快递不可能达到的迅速收件过程，同时方便了送货时的数据录入。货物从仓储中心进入分拣，不同的负责人就会在条形码上刷一下，系统就会自动更新该货物的运送情况。而GPRS系统则方便了顺丰员工之间、员工和区总部之间的信息沟通，不再需要其他中介进行交换。而这些“调料”能够成功地让“一锅鱼汤”更加鲜美。

计算机的数据库系统则是不可或缺的作料，相当于油盐酱醋。数据库系统又分为业务核心系统、客户核心系统、财务核心系统。在这3个系统里，将交易过程进行拆分，重新规划，不管需要哪一方的信息都能够得到有效快速的解答。

食材已经备齐，接下来就是按部就班地调制了。在快递这个行业，如何做到与众不同，如何通过对烹调步骤的把控制作出美味的食物？这一点一直困扰着王卫。但是王卫非常聪明，他很快为顺丰设计了一套优秀的“烹制”流程，这个流程被命名为全生命周期管理系统。

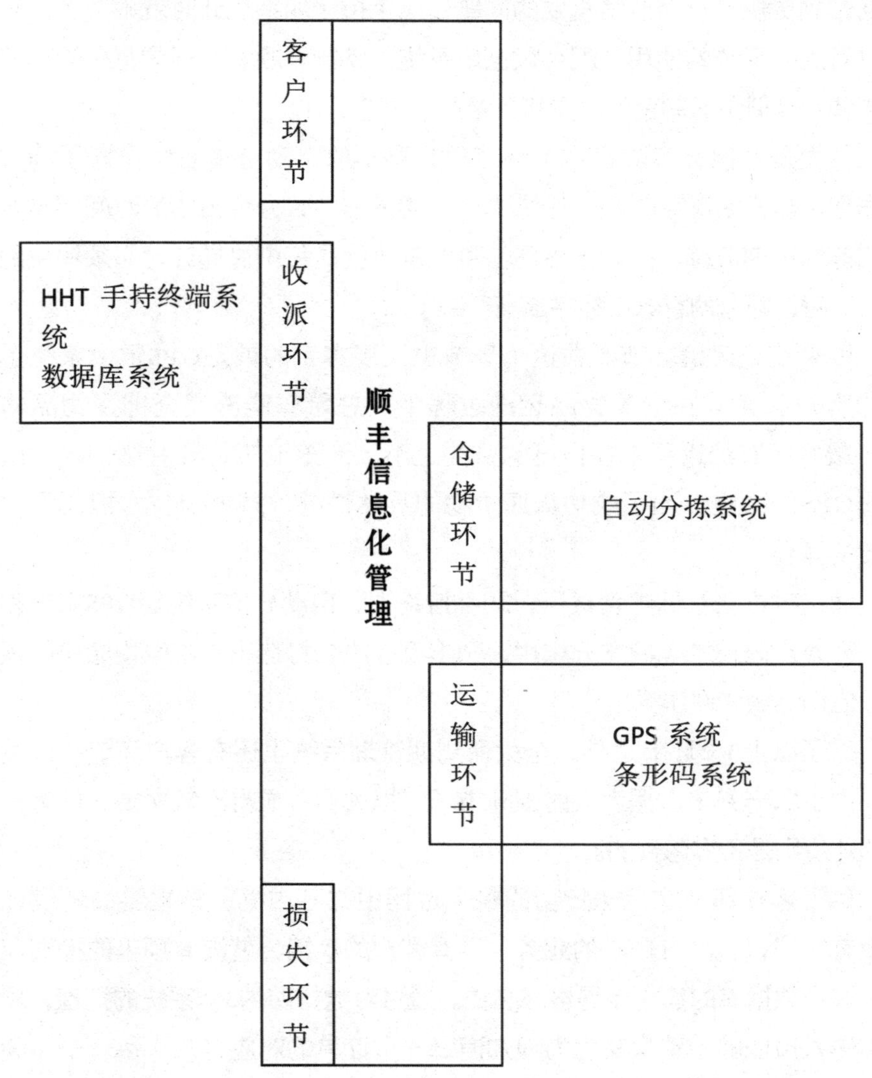

首先是快递的收派环节。这是快递工作的重中之重，是顾客直接与工作人员、直接与公司对接的核心环节，直接影响着顺丰在顾客心中的形象，决定着顾客是否还会继续使用顺丰速运。在这个环节里，如何做到高效迅速，如何做到更快是一个非常重要的问题，而手持终端系统此时就派上了用场。通过对这一系统的使用，配合数据库系统，就能够顺利实现信息化管理的初步烹调。类似于烹制鱼汤时先将鱼略煎一下的工作。

其次是仓储环节。在这个环节里，顺丰的自动分拣系统发挥了非常大的作用。通常情况下，在一份快递运送的过程中，分拣占用的时间相当多，如何能够迅速分拣，同时不出现信息的差错就是每个快递公司必须解决的问题。此时，煎鱼的香味已经在逐渐升级了。

再来就是运输环节。在这个环节里大展身手的就是GPS定位系统了。作为客户，尤其在贵重物品运送过程中，总希望能够完全把握物品的行踪，最好所有的进程都在自己的监控之下。而王卫正是针对这一点，做出使用GPS的决定。为了成功掌握货物的具体情况，条形码技术担任了非常重要的角色。

通过对这些基础“食材”，即手持终端、自动分拣系统、GPS系统和辅料，即条形码技术等的充分应用，顺丰已经成功打造出一碗像模像样的鱼汤了，但仍然缺些许作料。

除了以上3个环节之外，全生命周期管理系统里还有客户环节和报关环节。由于顺丰并未占据太大的国际市场，报关业务显得比较次要，但客户环节的地位则是不容忽视的。

尽管客户环节在运送货物的整个过程中并不占据非常重要的地位，但是没有客户，就没有顺丰的业务；没有客户的反馈，就没有顺丰的提高。因此，客户数据库的建立显得格外必要。通过对数据库内3个系统的把握，顺丰的工作人员能够不费吹灰之力地知道每一个订单的对应客户，每一个不满的投诉来源。不仅便于扩展更多客户、开启更多交易，还能够迅速找到出错的具体环节。而这，就是让鱼汤更加鲜美的关键作料。

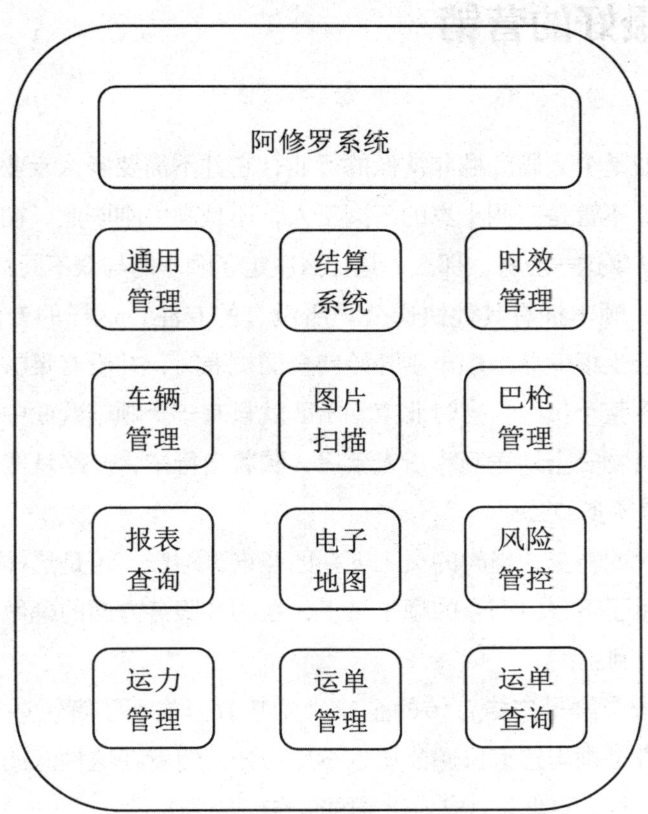

在整个烹调过程中，每一样食材都不可或缺，它们是让料理美味的根基。在快递运送的每一个环节里，在烹调过程的每一个步骤里，条形码技术就像葱姜蒜那样，默默地发挥作用，将汤汁变得更加鲜美。其他处于配角地位的技术也是如此，它们的重要性与基础食材没有任何区别。若是没有这一整套的系统，缺了其中任意一个步骤，顺丰如今的高效信息化管理就无从谈起。

服务是最好的营销

快递行业是个入职门槛非常低的行业，它并不需要多么专业的知识或者多高的学历，不管是三四十岁的下岗工人，还是高中刚毕业、初出茅庐的小伙子，都能从事这一业务。那么，是什么决定了顺丰的与众不同？

事实上，顺丰拥有其他快递公司所没有的专注，这样的专注在顺丰扩展初期就已经生根发芽。顺丰刚开始向全国扩展时，并没有足够的资本将营业网点散布到整个市区，当时北京朝阳区就只有一个顺丰营业中心。顺丰人为了将一件货物安全地送到收货人手里，骑着自行车，一路从国贸骑到了昌平，行驶了差不多47公里。

随着时代的转变，当时的员工现在已经难觅踪影，可是这样的精神被或多或少地继承了下来。而今的顺丰员工，在顾客服务方面的确做得比国内不少民营企业周到。

顺丰是一个鲜见广告宣传的企业，尤其对一些不了解快递市场的人来说，没有听说过顺丰这家快递公司也不足为奇。但就在这种低调之中，顺丰默默地拿到了最多的业务，成为最多顾客的首选快递。

将顺丰打造成拥有如此强大实力的企业的，就是每位员工对顾客的服务，而顺丰也通过这种独特的服务营销，成就了真正的快递帝国。

实际上，快递产业的服务非常不好判定或者划分等级。不同的顾客对不同的派件员会有完全不同的看法，就算是相同的派送员、相同的言谈举止，不同的顾客也可能会有完全不同的评价，因此想要让所有顾客满意是不可能的。为了尽力在服务方面做到最好，顺丰开辟了高科技的完整服务系统。就算营业员态度不够好，没有做到全程微笑服务，顾客仍然可以从这套系统中感受到顺丰作为民营快递领头羊的实力。

这套系统包括员工以最快的时间收发货物、顾客可以在网上全程把控货物的运送情况等服务，它让许多顾客感到非常贴心。尽管别的快递公司也采取了类似的做法，但他们往往做得不如顺丰精细。不少顾客在对比之后发现，许多快递只能查询到货物在几个小时前乃至前一天的动向，但是在顺丰的系统上，顾客可以清晰地了解到自己的货物现在正位于什么地方，处于运送过程中的哪一个位置。

快递是带有服务性质的，员工能够给顾客提供怎样的服务，决定着顾客未来的选择方向。做服务行业的人都知道，顾客在细节上享受到的体验，能够成为该服务行业超越同行的决定性竞争力。最终决定客户如何选择的，也就是那些看似微不足道的一点一滴。因此，在客户感受方面，顺丰会比其他公司多考虑一些。每当货物安全送达收件人处后，工作人员都会再停留5分钟。在这5分钟里，他会将刚才收件的时间和收件人姓名仔细记录，随后发送给寄件者。这不仅让顾客更加安心，还能够及时发现是否出错，方便立刻追回货物。

除此之外，顺丰的客服部门也显得井井有条。这个部门的工作人员全是年轻的女孩，并且统一着装，全部白衬衣和黑西装。她们在各自的小隔间里工作，戴着耳机耳麦，整齐划一。尽管各自都在轻声说话，但没有嘈杂的感觉，给人留下严谨的印象。

随着一体化服务系统的日益完善，王卫要求员工们提供更优质的服务。服务是顾客与员工的交流，优质的服务能够给顾客留下良好的印象，加强顾客对顺丰的依赖度，同时还能得到顾客及时的反馈，从而有益于顺丰的不断前进。

比如王卫在对顺丰优选进行构思时，就非常注意它的配送系统。而今的顺丰优选，每次送货都是一位驾驶员加上一位客户经理的人员配备，硬件设施则提供了可以冷藏、冷冻、零度保鲜的机器。到达小区门口时，由客户经理将货物放入保温包之中，送达收货人处。但这还不是一次配送的结束。随后，经理会拿出标配的iPad，客户可以通过iPad进行收货处理，同时还能让顾客在体验产品之后立即给出反馈。

有位顾客就在使用顺丰优选后表示：“配送的员工是蓝衣黑裤的打扮，还配备了非常时尚的背包，一下子就让我有种好像走在了时尚前沿的感觉；其次，送货员诚恳地要求我开箱验货，确认货物质量，让我感觉非常舒心，一些快递企业的员工在送货时根本不让人验货，一对比，高下立见；每名送货员还配着一名司机，两人一同来为我送货，让我有种优越感；当我在输密码时，送货员会自动转身，我也感到放心；收货完毕之后，送货员还拿出了iPad让我给出评价和确认收货，太方便了！”

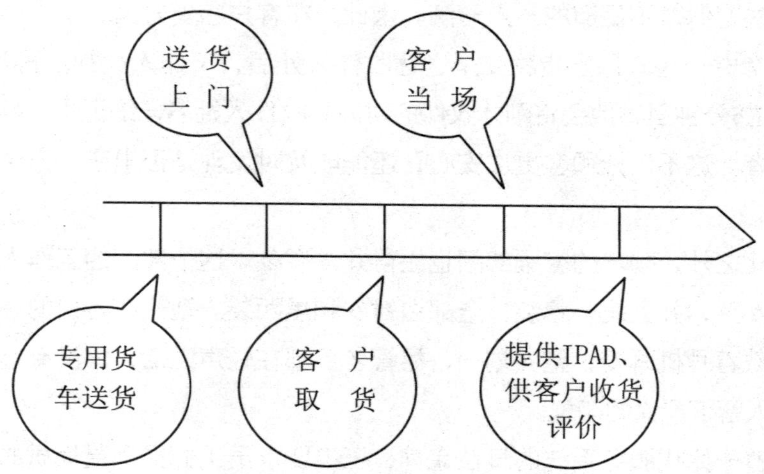

而今随着人们生活水平的提高，越来越多的人并不那么看重商品本身。尤其是上层人士，他们更追求周到的服务，使人心情愉快的消费体验，为此多花点钱也没有关系。为了应对这样的要求，王卫不惜投下重金提高送货员素质，培训送货员可能用到的各种技能，并给他们每个人都配上iPad，由此才让顾客们享受到了如此周到贴心的服务。

产品本身即病毒

当人们通过淘宝购物时，在交易结束后系统总会提醒顾客去对此次交易做出评价。随着评价制度的不断完善，越来越多的顾客在购买货物时会首先研究别的买家给出的评价，一个差评可能就会让不少顾客止步，而那些好评如潮的商家往往能够获得更多的订单。

无形之中，一家店的信誉就打造出来了，而实际上商家本身并未付出多少。随着人们生活的网络化程度越来越高，网购越来越流行，信誉评价变得越来越重要。起初，人们通过这种方式评价货物质量以及服务态度，而今，这种潜移默化的营销方式开始走入人们的视线，得到越来越多的重视，被命名为“病毒营销”。

众所周知，病毒的传播速度相当快。也许大多数人还对2003年SARS病毒心有余悸。就在人们不经意间，或许是一次简短的交谈，或许是偶然的一个喷嚏，病毒就已经悄然扩散开来。病毒营销与此类似。

产品质量就相当于病毒本身，人们在购物之后进行交流，遇到好的店家自然会想分享给自己的亲朋好友，遇到不好的服务或者质量奇差的货物也会告诫身边的人不要再去那家店，这无形中就对这个“病毒”进行了传播，而“感染者”们若发现这家店确实不错，又会传播给更多的人。由此，不同店家的形象、产品、服务在人们的口口相传中逐渐形成。

而顺丰就是通过病毒营销，悄悄地开拓出一片江山。

或许王卫在创业之时根本没想过要使用这样的营销方法，他只是一个劲儿拼命地干，每天都想着要送更多的货，总之就是做到别人没有做到的事情。他的这种观念在顺丰后来的发展中不断表现出来。随着顺丰的成长，突然有一天，王卫发现自己根本不需要在宣传品牌上花很大的功夫，只要创造出不同于其他快递企业的独特性，就能够拿到可观的市场份额。

这也是病毒营销的优点之一，通过病毒营销将公司品牌植入到人们的生活中去，就无须在广告、宣传等方面大费周章，同时还能节约大量资金。

除此之外，病毒营销还有其他的优点。首先，病毒营销本质上是靠用户之间的自发交流而不断传播，因此传播的范围比起其他营销方式要广很多，从而可以使企业品牌被更多人熟知。其次，在互联网时代里，网络上信息的流通变得更快，一旦有人遇到了好的服务就会主动推荐给身边甚至是同一网络圈子里的其他人，高效快速的通讯方式也使病毒营销变得越来越简单便利。

但是王卫也知道，这种营销方式的根本是一家企业能够提供高质量的服务，打造自己的独特竞争力。王卫本身就在打造顺丰品牌上下了很大的功夫，只要能够完善服务质量的，他就会毫不犹疑地去做。而且这些改善举措能够带来更多的红利，他又何乐而不为。

为此，王卫在打造顺丰的高质量服务上做了许多考量。首先，推出自己快速的特色；其次，打造自己独有的服务体系；最后，做到其他快递无法做到的高效。

通过这些举措，王卫顺利地打造出适应顾客需要的服务体系，而这就正好适应了病毒营销的要求。在病毒营销的概念里，首先，人们传播的服务或者产品要有非常出众的特色，最好能够让每个顾客以一句话概括出来。一旦内容过长，或者最直观的感受不容易描述时，顾客就会丧失耐心，不愿意再担当这个“传播者”的角色。第二点是服务质量一定要以顾客为中心进行考量。病毒营销是顾客自发的行为，没有任何金钱或者利益驱使，如果能够让大部分顾客感受到优质的服务，自然会带动更多的“传播者”。

而为了让顾客享受到更好的服务，顺丰在员工管理上也煞费苦心。顺丰现今实行的是员工评分制度，员工每个月每增加1分，该月的绩效奖金就能提高10%，最高限度是10分，超过了10分则可以优先享受升级、加薪、晋级等待遇。相对的，若是扣分的话，绩效工资就会相应地降低10%。由于这项制度与员工们的工资直接挂钩，因此许多员工都为了加分而不断努力。

那么，如何能够得到更多加分呢？按照顺丰的员工守则，最容易得到加分的就是良好的业务服务。那些业务做得好的员工，自然能够拿到更多的订单，从而更容易获得更多的利润；同时公司也会看到其分数不断往上涨的成绩单，从而对这个员工的工作做出肯定的评价，若是能够受到区部或者总部的表扬，这名员工的积分就能增加3～5分。

当然，在顺丰如今超过十万的员工里能够达到如此高要求的只有寥寥数人，因此更多的人会偏向于更简单易行的加分方式。在顺丰的员工手册里，明确记录了这样一条嘉奖条例："注意仪容仪表，讲究礼节礼貌，言行文明，受到客户书面表扬并经证实的。"为了拿到更多的薪金，顺丰的员工们在这方面下了很大的决心，也做出了巨大的努力。

目前，病毒营销仍存在着一些问题。首先，这种营销方式在对消费者心理的把握上仍然比较欠缺。当然，在这一点上顺丰算是做得比较好的，国内许多民营快递企业的送货员都没有做到切实为顾客着想。

其次，市场上一部分病毒营销被加工变成了网络病毒。某些非常极端的商家想要争取更多的网民浏览自己的网页，常常不择手段。比如通过网络插件强迫客户的电脑自动打开某些固定的电脑页面。但是这种方法只会适得其反，让网民从此对这个商家敬而远之。

病毒营销的另一个问题就是营销模式非常单一，没有固定的传播群。由于现在已经到了一个拼服务的时代，而网民一旦看到更好的商品、更好的服务就很可能抛弃原来使用的产品。因此，如何才能留住顾客的心成了现代许多企业的思考方向。

面对着四通一达逐渐追上来的服务，面对着越来越严峻的竞争局面，顺丰的确该好好思考下一步的做法了。就算国内民营企业的威胁还不大，但与国际企业的差距也在推动着他们不断前进。这几年来国家投诉总量的分析，就很能说明问题。以2012年为例，快递业中投诉率最低的依次是DHL、民航快递、UPS、顺丰。其中顺丰为每百万件1.5例，DHL是每百万件0.4例，民航快递是每百万件0.9例，UPS是每百万件1.2例。从数据来看，顺丰想要达到国际水平，还有很长的路要走。

人才结构：最优也最痛

在人们的传统观念中，快递员普遍都是学历低、素质差的一群人，网上就有不少人抱怨快递员素质低，甚至有人说“遇到素质高的快递员完全是运气好，素质低是正常情况”。快递员在很多人看来，完全只是靠力气挣点辛苦钱，根本和高学历、高科技等词汇搭不上边。

其实人们有些地方是说对了，学历偏低的确是目前快递行业的现状。虽然学历不能完全代表素质，但是低学历的确给快递业的转型升级带来了困难。当然这也是有历史原因的，20世纪90年代，快递业兴起，当时由于快递门槛低、回报高，大批低学历的人涌入快递行业，直到今天，他们中的不少人已经成为快递行业的巨头，王卫就是其中一个典型，他也只有高中学历。

早期顺丰其实就是王卫带着一帮低学历的年轻人出来打拼，我们可以想象王卫风里来雨里去的模样，不知道为赶时间摔了多少跤，王卫黝黑的皮肤和浑身的伤疤见证了顺丰早期的艰辛。不仅工作强度大，还要受顾客的训斥，譬如快件损坏或者延时等原因，很难想象这份劳力又劳心的工作对于当时“天之骄子”的大学生会有吸引力。在大学生心中，快递只不过是个跑腿的体力活，与自己的学历根本不相匹配。而且当时王卫为了快速扩大规模，根本难以顾及加盟商学历这些细枝末节的问题，这也是如今顺丰依然存在大量低学历员工的原因。

随着顺丰进入成熟期，王卫的眼光自然会向快递巨头看齐，想到自己曾经因为学历低所受的白眼，和国际四大快递巨头们招聘书上那醒目的大专以上学历要求，怎能不想着提高顺丰员工的学历层次，为顺丰转型进行人才储备呢？但是，人们先入为主的观念会形成很强的惯性，而且2000年以后的顺丰依然没有能力为大学生提供丰厚的薪水，这也是短期内依然难以改变快递人员学历结构的原因。就以顺丰在北京区域的员工为例，整个北京市大学林立，每年毕业的大学生千千万万，但直到2002年，顺丰才招到第一位本科学历员工，实在是出人意料。

不过随着时间的推移，王卫必须开始考虑顺丰的员工学历结构问题，因为国内快递业已经再无敌手，想要抗衡国际快递，顺丰必须引进更多的高学历人才。此时的王卫也逐渐将顺丰转变为全直营化的企业，在员工招收方面有着绝对的话语权，他终于等到了一个好时机。2008年的金融危机虽然重创了顺丰，但同时也给了王卫改变员工结构的机会，受经济萧条影响，大量大学生就业困难，顺丰顺势而为，第一次招收了大量的本科生。

首批本科生进入顺丰之后，顺丰的员工中高学历的本科生不再是罕见的凤毛麟角，而是拥有了一定数量。从2008年顺丰员工学历统计可以看出，华南地区的本科及以上学历的员工已经有3200多人，华东基地有接近4000人，而华北地区也有2000多人。如果将三大基地的本科及以上学历的人数占总人数的比例进行对比，将会得到非常有趣的结论。

其中华东基地的高学历员工比例最高，华北基地次之，华南基地最低。为何华南基地会最低，要知道华南基地可是王卫的“老巢”，经营多年的他难道不想提升华南基地的学历层次吗？其实这种现状也恰恰是因为顺丰起源于华南，由于顺丰在广东扎根已久，所以会遗留下大量曾经一起创业的老员工，这也是拉低学历层次的一大原因；同时华南地区高校数量不及华东和华北，提供不了像华东华北那样大量的本科生；最后是因为华南地区经商氛围浓厚，现在依然存在不重学历的思想。

再将华东和华北地区做一个比较，更可以看出不同地区文化氛围的不同。华东和华北同样拥有大量的高校，为何华北地区本科生不太愿意进入顺丰？除了顺丰经营华北时日尚浅，与北方学术、政治气氛较浓也分不开，北方学子普遍较南方学子更为“矜持”，内心依然不齿进入这个“不甚光鲜”的行业，换句话说就是比较爱面子，而务实的南方学子很少考虑这些问题，只要有足够的发展空间，能够赚足腰包，面子之类的问题并不在其考虑问题的首位。

分析不同地区大学学子的心理需求，对于未来顺丰招收大学生还是有一定的指导意义的，能够准确把握潜在的影响因素，才能在招聘过程中使出对大学生胃口的招数。不过一路摸爬滚打，早已人情练达的王卫显然也注意到了这些问题。王卫从2007年开始就一直在大幅度提升一线快递员的基本工资，每年涨幅都在20%以上，2010年甚至成为所有行业里加薪频率最高、幅度最大的企业之一。当然，顺丰一线快递员的收入主要是靠快递业务量的提成，其实所谓基本工资，根本无关痛痒，没有人会指望着基本工资生活，但是大幅度提升基本工资的确让顺丰陡然门面换新，不再给人低层次行业的错觉。

虽然本科生的比例非常低，但提升学历层次最有效的做法并不是吸引高学历人才，因为这是一个长期的工作，不可能一时半刻改变，更有效的办法是尽量降低初中及初中以下低学历人员的所占比例，这是可以在较短时间内做到的。现在在顺丰员工中依然有接近26%的低学历员工，而且这类员工多为一线快递员，直接代表顺丰的形象，这是王卫面临的更为紧急的问题。

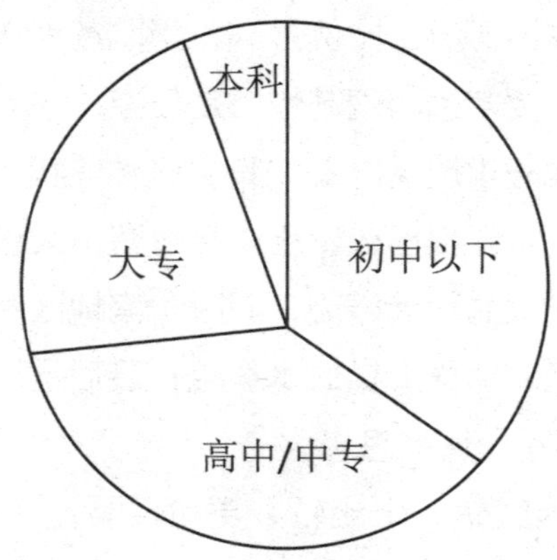

在王卫的努力下，2013年，顺丰已经拥有了相当数量的本科生。不过这些普遍较为娇生惯养的90后们，也着实让王卫费了番心思。在2013年7月的迎新会议上，王卫就给大学生新员工做足了心理辅导工作。

他说："首先凡事做最坏的打算，做最好的准备……成功是没有捷径的，一定要经历'艰难困苦，玉汝于成'这么一个过程。如果你是一个很理性的年轻人，请相信我所讲的话，你要学会面对现实，一步一个脚印，脚踏实地地走下去。凡事做最坏的打算，做最好的准备，你的人生之路走起来会顺很多。"

"其次明白生活的意义，认清工作的价值。社会不断向前发展，一代人只会更比一代人进步。90后要吸收80后、70后身上的优点，再总结不同年代人身上的优点，优点要积极传承，缺点要积极改正。在我看来，人生要美满，首先要有一定的刻苦精神……但是我们这一代人，还包括更上一代人，都是不太会平衡身体健康、个人生活质量、家庭和工作，那么，新一代人出来工作，除了养家糊口外，更要平衡好工作和身体的关系。"

"我们以前很多人工作都是为了糊口，新一代人刚踏入社会工作，基本上没有糊口的压力，就要多问一问自己的工作有没有价值。这个价值不在于赚多少钱，而在于你和你的工作在社会上是不是得到认可，是不是创造了价值。我们新一代的年轻人要靠自己真本事，靠对工作的热忱、好的服务和客户满意去赚到钱，这才是对社会对他人有贡献的事情。这种价值回报、这种满足感，甚至可以超过物质的回报。"

"最后还要懂得成长和梦想需要付出代价，但都值得。曾经有年轻人问我，怎样才能成为一个成功人士，在我看来这个问题没有标准答案。每个人都有自己不同的机遇和命运，每个人的成长轨迹都很难复制，你自己能掌握的就是你的态度。"

"在日常工作和生活中要怎么做呢？其实很简单：首先要学会谦卑，人生有许多东西是书本里学不到的。从人生态度上来说，就是不要把自己的位置放得很高，要放低点，但对自己要求可以很高，这一高一低之间，就有空间可以承载很多东西，学习很多东西。就拿我个人来说，出来社会工作到现在，从不同人那里学到很多东西，他们都是我的老师，因为他们把人生最宝贵的东西总结出来以后交给我，再加上亲身实践，让我受益匪浅。其次，要心中有爱。佛经有云：大悲通体。别人的苦难，你要感同身受。怀着大爱的故事，你的头顶会有光环的，自然会一路顺畅。”

尽管王卫为了改变人才结构做了大量努力，但与国际快递巨头相比依然是相去甚远，然而即使如此，顺丰竟然还是国内快递企业中学历结构最优的企业，可想而知其他快递企业的人才结构了。所以无论是顺丰，还是整个中国快递业，想要完成人才升级工作，还有相当艰难的路要走。

【延伸阅读】

让沟通无障碍

非常坦白地说，我对现在的这种管理状态也有不满意的地方。比如说，当一些问题暴露反映出来，去跟踪处理的时候，我们会发现其实很多问题并没有那么复杂，只是在沟通的过程中把问题复杂化了。我们很多基层管理者是和公司一起成长起来的，对公司做出了不可或缺的贡献，但为什么还会存在这些沟通上的问题呢？这是因为当就业群体发生改变，管理模式和思路也随之进行了调整的时候，我们却没有对基层管理者进行相对应的指引，如沟通技巧的辅导等，导致出现一些基层管理上的问题。当然，其中也确实有一些是管理者的责任，我们对此会严肃处理。

为了让沟通更加顺畅，公司设有公开的沟通渠道，在总部层面，审监委和工会均设有员工投诉热线，有专人对相关投诉进行跟进。因为我们所从事的这个行业是对整个经济起着一定支撑作用的，所以无论如何都不能因为内部沟通不畅而影响到客户的利益。我们从来都不回避问题，有什么话大家都可以摊开来讲，但千万不要采用一些触犯原则的极端方式，导致问题升级，最后让双方都没有回旋余地。如果因为极端的方式影响了客户的利益，这就是一个高压线，是公司绝不能容忍的。换个角度想想，大家除了家人朋友之外，大部分时间和同事在一起，员工之间其实也像是家人，有什么问题不能慢慢讲，有什么问题讲不清楚呢？

为了不断完善沟通机制，规范问题解决方式，公司这几年一直在研发一些管理工具，如提高信息化程度，让个人需求动态都通过系统跟踪反馈出来等。今年我们会继续加强对管理人员的沟通技巧培训，以更好地解决管理层与员工之间的沟通问题。那种随意“罚款、停岗”等低层次的管理手段是要坚决杜绝的。

我一直相信，只要能够认真对待员工提出的每一个问题，并真诚地为员工而改变，同时愿意投放资源去解决这些问题，我们就一定能做好。当然，这需要我们大家的共同努力。

——节选自顺丰总裁王卫在企业内刊2010年6月号的署名文章《提升内部服务意识》

Part 7

利行同事：让最好的员工最快地成长

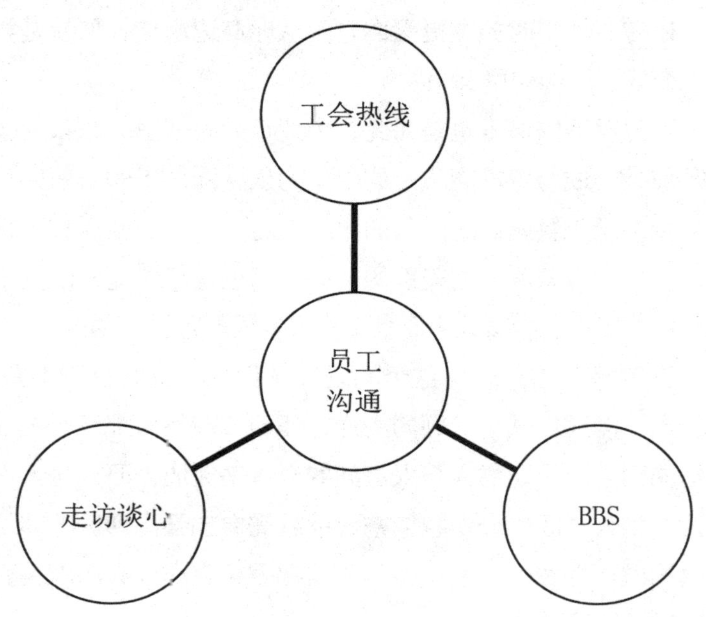

顺丰的一线收派员“才是最可爱的人”。

——王　卫

员工的意见是最重要的问题

时间就像从手指缝间漏过的沙子，不经意间就没了，除了越来越大的年龄，还有一件事时刻在提醒你它正从你身边溜走，那就是和你一起工作的同龄人变成了一群80后、90后。

王卫手下的员工也是如此，十几年的时间里，原来的60后、70后和公司携手前行，成为管理岗位上的中坚力量，而许多80后、90后成为一线的快递员，接棒顺丰快递。这一代的年轻人对于工作、生活和未来的认识和愿望是和上一代人有着明显的差别的。另外，近些年快递业的竞争越来越激烈，快递员们的工作压力很大，而且工作很累很辛苦。

王卫静下心来思考这个问题，认识到在这种情况下最重要的就是要加强和员工沟通。缺乏良好的沟通，任何管理行为都无法有效地实施。因为，公司的正常运转要靠人与人之间的合作来完成，而人与人之间的合作需要沟通，人与人之间的合作越紧密，就越需要加强沟通。尤其是在危机中，由于危机的破坏性和时间紧迫性，更需要团结合作以共渡难关，因此快速而准确的沟通就显得更为重要。

王卫曾在顺丰的内部会议上说，管理层要多和员工沟通，了解他们在生活和工作方面的情况和想法，在管理理念上做出及时的调整，在最大程度上解决员工的问题和需要，把这些理念都执行到实处。

有一段时间，王卫对顺丰管理者和一线快递员的沟通并不满意。在他看来，如果公司内部的沟通不通畅，那直接受到影响的就是客户和公司的利益。因此，王卫常常给管理层说，不要回避工作中的问题，有什么不满有什么话都拿到桌面上来说，用暴力等极端的方法解决问题，不但会影响客户的利益，还会断了自己的后路，这是一条不能触碰的底线。

在王卫眼里，员工与员工之间就是家人的关系，因为同事在一起的时间比和家人朋友的时间还要多，所以他一直相信，有什么问题都能坐下来好好谈，都能说清楚。为了让沟通无障碍，王卫在顺丰总部开设了公开的沟通渠道，考虑到不同的人喜欢的沟通方式不同，运用多种媒介确保公司能同每个人进行沟通。

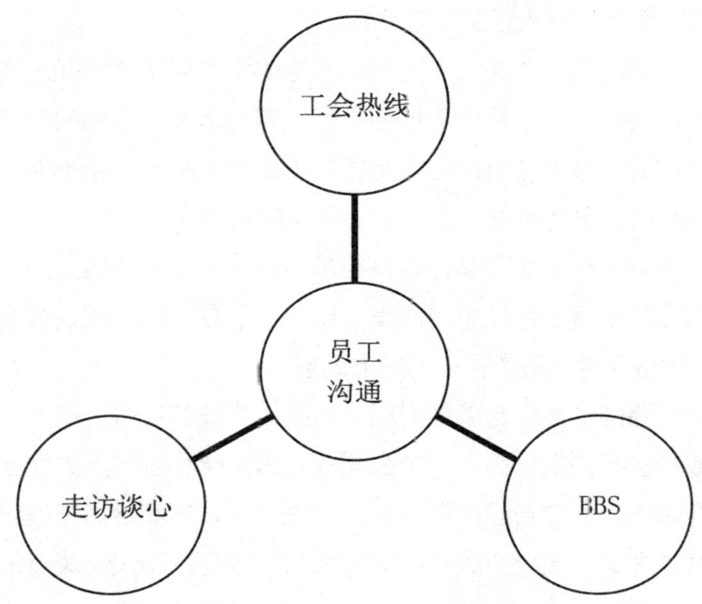

王卫创办了员工沟通3大平台——工会热线、走访谈心和论坛工会大家庭。通过电话倾诉、当面咨询和书面建议三种不同渠道，员工可以在平台上倾诉工作中的压力，或者对生活中的困难寻求帮助，工会会第一时间帮助员工解决。所谓“上医治未病，中医治欲病，下医治已病”，真正厉害的医生不是治病多么高明，而是能够预防疾病的人。在王卫看来等到员工对公司满肚子怨言，对管理者恨得牙痒痒，或者准备卷铺盖走人的时候再去沟通，就已经晚了。

沟通平台搭建之初，反响并没有那么强烈，大家都等着看第一个倾诉的人会得到怎样的反馈。当员工们发现提出的问题真的能够得到解决时，热情越来越高涨，只要工作中遇到问题，他们都要到论坛或者热线里说一说。

一次，一名中转区的员工给工会发了一封邮件，这个区的员工用巴枪扫描快件上信息的时间是凌晨1点到6点，基本全程都是弓着腰完成的，结果下班以后大家个个成了“虾米”，直不起腰了。这个员工希望公司能够想出一个解决办法，建个高台或者架子之类的。

接到这封邮件后，总部工会立刻向当地的管理层了解情况。调查发现，这样的问题确实存在，但是由于场地有限，若是建高架会影响中转区车辆的进出。经过沟通，最后的解决方案是巴枪员工每人配了一张小凳子，坐着扫件，这样既解决了弯腰问题，还不会影响场地的使用。

另外，王卫还在工会和审计监察委员会开设了投诉热线，跟进员工对公司管理问题上的投诉。他还组织研发一些管理工具，比如建设提高信息化程度的系统，力争反馈出每个员工的需求动态。

从王卫创建的沟通平台就能看出，他是一个能够听得进别人的意见、勇于面对失败和挫折的人。因为一个公司的管理文化和领导人的性格有很大的关系，只有领导人允许自己做得不好，容忍失败，才能给员工提出建议提供平台，这种管理文化使企业成员不会因为失败或提出错误、离奇的观点受到打击而停止与别人沟通。在这种环境中，企业成员敢于提出自己的观点和看法，不会因为权威的压制而保持沉默，从而加强企业成员间的交流。

有沟通的意愿是一方面，还有重要的一方面是沟通的技巧。王卫把加强对管理层沟通技巧的培训作为工作的重点，他认为管理不是简单粗暴的惩罚和停职，而是用真诚、有技巧的方法去解决沟通中的问题。另外，沟通并不是双方的技能越强就越好，而是双方的技能能够匹配，使沟通顺利地进行。比如，用管理者和快递员都能理解的词语，还要选择合适的沟通环境等。

沟通并不是一件容易的事，因为没有一个现成的模子可以套用。王卫一直给公司的高管们说，只要把员工的每个意见都当成最重要的问题，把为他们解决问题当作最重要的事情，用真诚的态度去对待，舍得用资源去解决，大家的劲往一处使，就能真正做到沟通无障碍。

计件工资：给员工最好的激励

在知识经济时代，薪酬管理成为公司管理的重要部分，它对激励员工，提高企业的竞争力有着不容忽视的作用。薪酬不仅是员工满足各种需要的前提，还能实现员工的价值感。所以，从一个公司在同行业中薪资水平的排名就能猜出员工情绪的好坏以及积极性和能力的发挥程度。

心理学家研究表明，当一名岗位工资较低的员工通过积极表现、努力工作，提高自己的岗位绩效争取到更高的岗位级别时，他会体验到由于晋升和加薪所带来的价值实现感和被尊重的喜悦，从而更加努力地工作。这一点是每个管理者都应正视的事实。

顺丰能够快速发展壮大，靠的就是王卫在薪酬管理方面的独门绝技——计件工资。在顺丰，快递员的底薪只有1000块钱左右，不过王卫除了制定基本工资，还有一部分是绩效工资，也就是快递员接单的数量。在顺丰，每一单的快递费中有固定的一部分是属于快递员的，所以接的单越多，挣得越多。

这种自己做老板的挣钱方式极大地激励了一线快递员的工作干劲，使每位员工都认识到：加快送单速度，对顾客良好的服务态度，都会给自己带来丰厚的收入。每个人都这么想，顺丰快递公司的整体形象得到提升，寄件的人多了，自己的收入又会提高。在顺丰，每个人的月工资基本上都稳定在一定的水平，而且月入过万的人也不是一个两个。

王卫在快递员们开心的笑容、奔跑的身姿和顺丰良好的发展势头中看到，薪酬对于激励员工以及增强组织竞争力的重要意义。在员工的心目中，薪酬绝对不仅仅是口袋中一定数目的钞票，它还代表了身份、地位，以及在公司中的工作绩效，甚至代表了个人的能力、品行和发展前景。按照计件工资来算，顺丰的快递员工资比别的快递公司高，他们每天接6单快件的收入相当于其他快递公司的快递员接10单挣的钱，这样不但有面子，工作起来也特别有力气。

即使在企业内部，员工之间也会互相攀比。从单纯薪资相差的数字来看，几十元钱不算什么。但是，在员工的心目中，比别人少拿的几十元钱是工作业绩、能力不如别人的象征。而在顺丰，这种能力是由自己决定的，只要勤奋点，态度好，就能比别人赚得多。

薪酬激励不单单是金钱的激励，它实质上是一种复合激励方式，隐含着成就的激励、地位的激励等。管理者巧妙地运用这种薪酬激励方式，不但能调动员工的高昂士气和工作激情，还能吸引更多优秀人才，极大地提高企业的战斗力。

原来宅急送的老板陈平曾说，在顺丰，公司和快递员之间不是上下级关系，而是一种分配关系。实际上，最先形成这种模式只是一种偶然，当初王卫发现顺丰以代理和加盟的方式进行管理面临失控的时候，对不受管控的代理商，他收回代理老板的权力，但是下面的员工他并不收回，只要这些员工听从总公司的管理就可以。就这么歪打正着的，计件工资的薪酬方式就延续了下来。

不管是歪打正着也好，优秀的管理能力也罢，总之王卫摸索出了计件工资这一套对快递员来说最好的激励，这是他在快递业的首创。把握员工的微妙心理，发挥薪酬这根指挥棒的作用进行员工激励，成为了王卫在管理上优秀的能力与技巧。

计件工资之所以给顺丰带来巨大的利润，还因为这种激励性薪酬与工作的高匹配度。对于管理者来说，要根据自己公司的情况来制定薪酬，而不能简单地模仿。激励性薪酬的基本构成包括基本薪资、奖金、津贴、福利、保险。在顺丰，王卫还给员工的家人提供福利和补贴。

激励性的员工薪酬模式的设计，就是将上述5个组成部分合理地组合起来，使其能够恰到好处地对员工产生激励作用。这里有3种模式可供选择：

第一种为高弹性模式，薪酬主要是根据员工近期的绩效决定的。一般情况下，奖金在薪酬中所占的比重比较大，而福利比重较小；在基本薪资部分，实行绩效工资（如王卫采用的计件工资）、销售提成工资等工资形式。在不同时期，员工的薪酬起伏比较大。这种模式有较强的激励功能，但员工缺乏安全感。

第二种是高稳定模式，薪酬与员工个人的绩效关系不大。它主要取决于企业的经营状况，因此，个人收入相对比较稳定。这种模式有比较强的安全感，但缺乏激励功能，而且人工成本增长过快，企业负担加大。在这种模式中，基本工资占主要成分，福利水平一般比较高，奖金主要是根据企业经营状况及员工个人工资的一定比例或平均发放。

第三种是折中模式，既具弹性，具有激励员工提高绩效的功能，又具有稳定性，给员工一种安全感，使其注意向长远目标努力。目前很多企业在制定激励性的薪酬体系时都采用这种折中模式，事实证明，它确实能给企业带来良好的收益。

很明显，王卫采用的是折中模式，他通过专门的统计技术给每个快递员划分一个区域，保证其工资保持在稳定范围内。绩效部分要靠快递员自己去争取了，这才有了在马路上跌倒了爬起来继续奔跑的顺丰快递员。

不过，王卫在一线体验中依然发现了这一模式的隐患，他说：“工作时长问题。收派员太累了。现在顺丰收派员的收入在行业内处于较高的水平是人所共知的，但他们的工作量和压力也是惊人的。对于这种现象，可能一些行业内的人士都有所认识。不仅是收派员，连我们的基层管理层的工作量也是相当大的。如某点部的组长，从大学毕业后来顺丰工作，整整5年，每天除了最基本的点部现场管理工作，甚至还要亲自参与分件、搬货、整理报表，还要经常外出拜访客户，进行关系维护，工作事项十分繁杂，而且承担整个点部的业务量、问题件、收派时效、服务投诉等各种考核压力。

“听到这个的时候，我觉得顺丰真的太对不起他们了，亏欠他们太多。如果我没有走下去的话，是不会了解这么清楚的。因为投诉反映的大多是管理者不在岗或缺勤率高。这次体验后，我觉得我自己没有资格讲‘以人为本’这样的话。点部组长做了5年，天天这样干活，他还能熬几年？如果不改变现有的作业模式，即使公司的分配制度再公平，发展前景再乐观，员工也是会疲惫的。疲惫之后，对于服务质量、工作态度等就会很消极。”

“因此，作业模式一定要解决，要让收派员更舒服，能有休息时间，能去充电，同时又必须平衡企业成本。这是一项很艰巨的事。在没有更好的解决方案之前，我们只能想办法控制业务量的增长，宁可要质，不要量。不能让员工太累。”

既帮开门，又给钥匙

当一个企业越做越大时，就能提供更多的工作岗位，为想要拼得一份好生活的人打开大门。从现在求职者意向的调查来看，人们选择企业的标准不再只是工资的多少，而会更多地关注自己进入企业后能够获得怎样的提升和发展。很多企业也开始更多地关注员工的成长，王卫开始在顺丰倡导“以人为本”，他不但要给合适的人打开一扇大门，还要送他们一把成长的钥匙。

2003年，顺丰快递北京地区迎来了首个大学生员工。这个小伙子来自东北，理想是成为一个专业技术和管理水平都过硬的职业经理人。不过，求职没有想象中那么顺利，结果他成了顺丰的一名IT工程师，虽然在当时这并不合他意。按照规定，新人来到顺丰先要去当3个月的快递员，之后必须经常到一线去体验。

小伙子第一个月的工资是700元，他没租房子住，在公司随便搭了个床睡觉，两个月后他拿到了3000元。不过他原本就不中意这份工作，也不想当一辈子快递员，于是暗暗在心里盘算着辞职的事情。这天，顺丰总部通过传真机传来几篇文章，小伙子不经意间拿起来看了，没想到这竟成为改变他命运的转折点。

文章内容写的是顺丰未来的发展战略，公司的管理制度等，作者署名——王卫。没过几天，他从同事那里听说顺丰快递的掌门人叫王卫。这之后，小伙子决定不走了，留在顺丰。因为看完那篇文章，他觉得王卫是干大事儿的人，跟着这样的老板干不会错。

接下来的几年里，王卫果然带着顺丰一路狂奔，小伙子也在这里获得了很多成长和发展的机会。没过几年，他就成为北京地区运营部的基层管理人员，之后坐上了主管的位置，再后来，他成为高级经理，整个北京地区顺丰的运营工作全在他的掌控之中。

一个人为什么心甘情愿长久地留在一个企业里？因为他能看到自己在这里拥有美好的未来，拥有发展的无限可能，而且员工更愿意为那些能促进他们成长的公司工作。在顺丰，做一线快递员要靠自己的拼搏和一流的服务水平，但只要有能力，司机也能坐上管理者的位置。

在谈到管理者的成长问题时，王卫说，不是每个人都有天生的管理才华和能力，而且，企业也在不停地变化和成长，所以，顺丰会等待员工慢慢地成长起来。同时，企业要帮助员工成长，以能力范围内最快的速度成长。

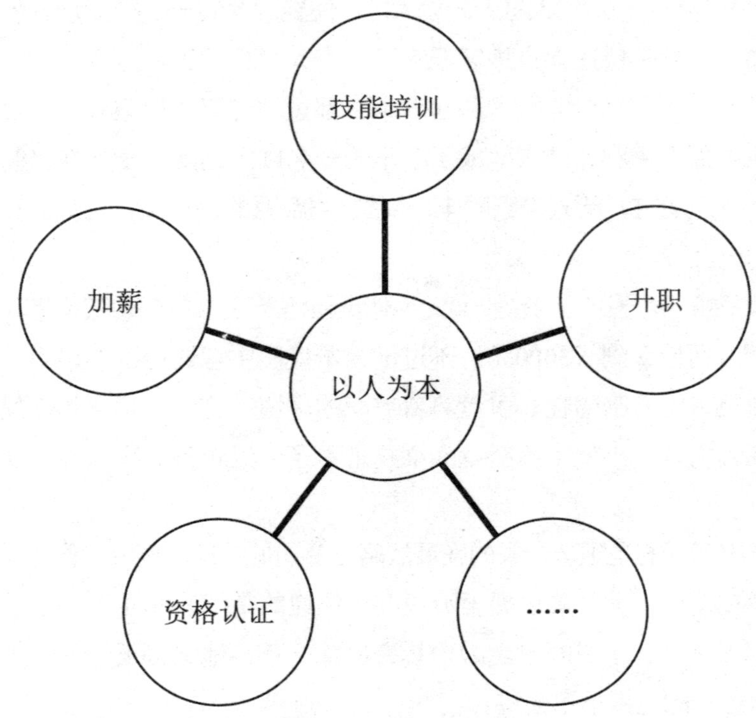

实现以人为本战略的途径

培养员工，帮助他们成长，不仅是员工的需要，也是企业的需要。“经营之神”松下幸之助有一句广为人知的口号：“在出产品之前出人才。”早在二战前，松下就曾对见习员工的培养发了专门通告，在竞争激烈时，松下更不忘发出《关于员工教育个人须知》的通告，把培养员工真正作为企业的一项任务。松下公司的用人原则是，量才录用，人尽其才，对可以信赖的人，哪怕他资历很浅，经验不足，也会把他安排到重要岗位上，让他在生产实践中得到锻炼和成长。公司还常对一些有潜质的员工委以看似不能胜任的重任，用压力和紧迫感加速他们成才。

为了让员工快速成长，王卫努力去了解基层职位的需求，提供与之相配的技能培训体系。王卫将这套体系打包传给基层管理人员，内容涉及怎样使用顺丰快递一整套的现代化管理工具，怎样为一线和二线的员工提供帮助，怎样为客户提供服务，怎样让自己的管理工作更加熟练等。同时，王卫还教管理人员怎样使自己的管理知识发挥出最大的价值。

王卫针对不同的岗位需求设置了相应的课程和认证，员工只要符合升职标准，就可以到这个系统中学习相应的课程，学会后参加考核，过关后就能获得相关的资格认证。

正所谓“授人以鱼不如授人以渔”，王卫也毫不吝啬地向顺丰员工讲述他在成功路上的心得体会：“积极态度+正确的思维=成功。我常常对人说，人的成功离不开两样东西，一是运气，二是态度。运气非常好，但是没有正确的态度，就好像中了彩票以后挥霍无度，很快就把钱花光了，又被打回原形。而有了运气加态度，就好像中了彩票之后，积极地拿这些钱做好事，并做一些科学理性的投资，创造价值，才能够长远发展。”

“短期的成功是以运气为主，态度为辅，但长期的成功肯定是以态度为主，运气为辅的，因为最终态度可以左右运气。坚持执着，懂得分享，与人为善，就会朋友满天下，有了朋友的支持和帮助，运气就不会太差。相反，如果你做事态度消极，做事没热情，没毅力，不懂得与人相处，肯定会处处碰壁，有好运也难，好的态度是长期成功的决定性因素之一。”

“在我看来，除了态度，人在这个世界上很多东西都无法控制，你控制不了自己在什么地方出生，什么时候离开人世，你控制不了自己是男是女，父母双亲是谁，你控制不了自己的长相如何，家里有没有钱……你唯一能控制的就是你的态度，对人对事的态度，对待人生的态度，而这种态度是积极的还是消极的，就决定了你未来的发展。”

“不管是坏事还是好事，你都要学会以积极的态度去面对。面对不好的事情，如果你很消极，接下来的事情也许会变得很糟，但如果你以积极的态度去面对，这个坏事可能会慢慢变成好事。因为任何时候都有正反两面，很多时候我们都只看到了它不好的一面，但它的另一面可能是相当好的。还有一些事情，表面上看起来很好，但背后隐藏着很多负面的东西，我想说的是，积极的处事态度就是，碰到好的事情你要看它背后负面的东西，把它坏的因素降到最低，进而变成好的东西。”

“现在很多年轻人出来工作的态度是，你给我多少钱我就干多少事。我认为这种态度会让你在职场的道路越走越窄，想要得到，必须先付出，不管你给我多少钱，我都要把自己的工作做到最好，这是我一贯的职业态度。刚刚踏入社会时我也给别人打过工，也投诉过当时的老板，觉得他给我的薪水太少，但是我投诉归投诉，有一个原则我始终坚持，那就是我在岗一天，交足100分，竭尽所能地把工作做好，投诉老板并不影响我做好工作，因为我做好工作，除了为公司创造价值，也是在增加自己的人生经验值，所以当时的每个老板都很喜欢我，说王卫做事很专业，有责任心，各种工作都可以放心交给我，这样一来，我的机会自然就越来越多，如果一个人总喜欢锱铢必较，生怕吃亏，机会肯定会越来越少。”

英国卡德伯里爵士认为：“真正的领导者鼓励下属发挥他们的才能，并且帮助员工不断进步。失败的管理者不给下属以自己决策的权利，奴役别人，不让别人有出头的机会。这个差别很简单：好的领导者让下属成长，坏的领导者阻碍下属的成长；好的领导者服务他们的下属，坏的领导者则奴役他们的下属。”如果想要使公司保持高速发展，促进员工高速发展绝对是一条捷径。

管理层“微服私访”

“高富帅”是当下最为火爆的词汇之一，这个人群也引得众多女性趋之若鹜。不过，如今很难从一个人的穿着和座驾上做出判断，因为很多有钱人不再一身名牌，而是穿起了T恤牛仔裤，不再是宝马奔驰，而是骑上了电动车，比如顺丰老总王卫。

2010年冬天，顺丰人力资源部给下属一个区派去一名实习物料管理员，这名实习员工一上岗，就骑上电动车，和其他快递员一起到仓库了解快递背包以及巴枪等物料情况，之后便外出收发快件。谁也不曾想到，这个“实习生”就是他们公司的老总王卫。

有人质疑王卫的这种做法，认为作为一个带领几万员工的大老板，应该从大的方面把控公司的发展，而不是去最细微的地方下力气。王卫对于大和小的理解不一样，在顺丰，直接接触客户的是一线和二线的员工，对客户来说，他们就是顺丰的形象代言人，管理者必须要了解他们的感受才能知道客户的想法。

当然，王卫也可以派别人去考察，但是每个人看问题的角度都不同，关注点也不一样，在别人看来是稀松平常的事情，也许到王卫这里就可能是一种企业危机，又或者是一种商机。王卫把去基层体验的过程看作是给顺丰把脉的过程，他去看自己管理的最高层发布的任务是不是推广到了基层，即便落实到了，又是否能够真正起到应该发挥的作用。和一堆数据堆积成的调查报告相比，基层的真实体验更加直接，也更加准确。

之前，顺丰的高层和别的公司高层一样，喜欢拿着数据研究市场情况，王卫经常告诫他们，在顺丰，想要做好管理，最重要的不是研究市场，而是去研究怎么帮前线的员工把收发快件的工作做得更好，去研究快递员们在工作中遇到什么困难，需要怎样的支持。现在的快递市场才刚刚起步，不过正以飞快的速度发展，因此每天的市场情况可以都与前一天的不同，不需要像别的已经成形的产品市场一样去研究和分析。

在王卫看来，快递市场的情况不是市场数据说了算，快递员们的说法和反馈才最准确。解决与客户直接接触的一线员工的问题，就是帮客户解决问题，也正是在解决公司发展的问题。

王卫不但自己跑到一线去体验员工的工作情况，每年还组织顺丰中层以上的管理者到基层去体验一段时间。在他看来，管理者去基层体验是一件很重要的事情。管理层管的是一线的快递员和二线的呼叫中心员工，如果不能透彻地了解他们的工作情况，又怎么能做好管理呢？

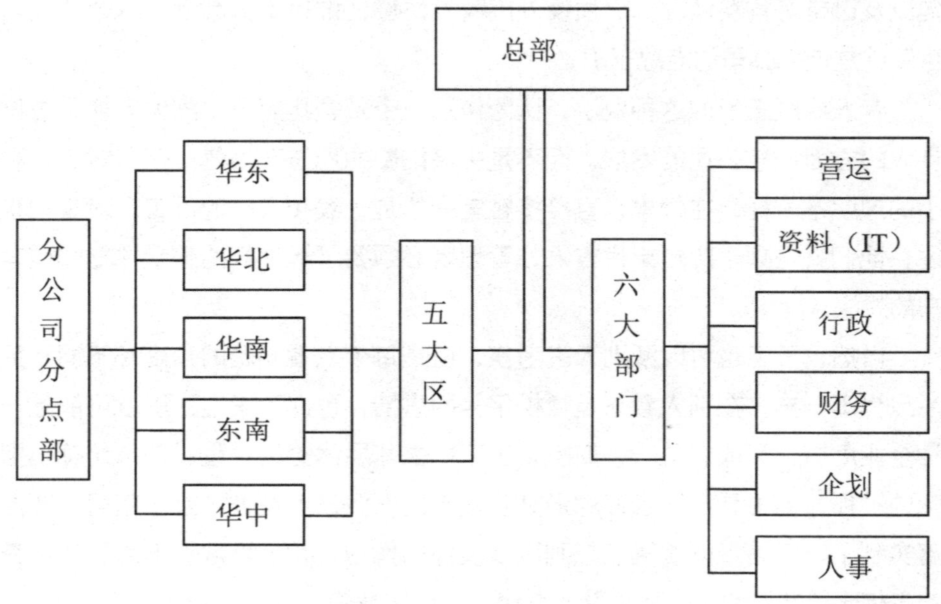

在顺丰，管理层去基层体验并不是心血来潮，而是公司固定的规章制度。所有管理层第一年要到一线做快递员，和其他员工一样上门收发快件等；从第二年开始，基层体验生活变成做半年的快递员，做半年与自己岗位匹配的专业工作。拿顺丰的财务部门来说，每个区的财务总监第一年要去送快递，第二年送半年快递，再到某个网点做半年的会计或出纳工作。这两部分的工作都完成之后，以后每年的体验中他们就可以选择自己感兴趣的岗位，不过要保证身份不泄露要跨区选择。

每年王卫会和总部的人事部一起，制定本年度管理人员的基层体验工作，将具体的岗位安排写成文件，下发到各管理者手中。其中规定，为了体验到真实的工作情况，每个人都是以实习员工的身份进入相应部门的，而且不能泄露自己的身份，对看不上眼的事情也不能指手画脚。实习结束后，每个人要写一份体验报告，也就是在基层看到和感受到的实际情况。为了避免实习成为一种形式上的东西，每个接待他们的分部经理要把“实习人员”在岗位上的表现写成报告，上交总部。

这种基层体验活动不但使得管理层时刻与一线的业务不脱节，而且还能够在精神上激励员工。顺丰的员工看到，管理层不是坐在空调房里下达指令，而是到一线去了解业务，这让公司一线二线的员工对公司的管理充满了信心。

每个员工都是开拓者

“以人为本”是王卫一致倡导的企业精神，这不仅表现在 “承担更多社会责任”的身体力行，也表现在“让员工成为精神的合作者”的赤诚相待。然而，相比其他企业，顺丰总能做出超乎想象之举。

8月7日，顺丰低调启动内部创业项目：鼓励员工以类似加盟的形式，回归到家乡开设独立网点，负责网点的管理和统筹，从而完成顺丰向三四线城市，乃至更深更细的区域渗透的网络布局。在费用方面，创业员工除了缴纳一定的保证金外无须再支付更多费用。相反顺丰还会提供资金补贴和政策扶持，同时鼓励所有员工推荐家乡人员参与合作。在业务操作方面，乡镇网点主要负责操作常规件收派，快件运输、大货重货、高价值件的揽收仍然交由全网统一作业。此外，为了保障价格、服务的统一性，在人员配置上，顺丰采取老带新的培训、集中培训，沿用公司统一标准，并派人到乡镇网点协助日常事务。

一位顺丰快递员表示，在接到内部通知后，已有部分同事开始蠢蠢欲动，计划远离喧嚣的北上广，回到家乡创业。

虽然顺丰快递员月薪过万早已不是传说，但对于那些每天在大城市中奔波劳苦的“快递小哥”来说，这种回归似乎有着更大的魅惑力。特别是附加上“创业”两个字，可以让他们找到更合适的存在感。

从商业逻辑上来看，顺丰此举实际上是一种以“加盟”为名义的直营式扩张，将每个员工都变为自己的市场开拓者，让组织的毛细血管孵化出更强的创业基因，也使业务市场向更纵深地域渗透，直至三四线城市、乡村、社区等原本顺丰无法触及之地，更快更好的完成企业的大物流战略空间布局。如此双赢，何乐而不为呢。

从市场战略上来看，顺丰内部创业项目的启动可谓是顺丰为了在全国电商下乡市场抢夺大战中抢占主动权的必然之举。今年上半年开始，电商下乡猛烈推进，无论是阿里巴巴还是京东，都开始新一轮的跑马圈地，“刷墙运动”如火如荼。而在物流快递方面，京东自有物流和集结了国内主流快递服务的阿里“菜鸟”同样虎视眈眈。显然，顺丰不愿再输一城。

不过这种规范性的尝试并非毫无风险可言，虽然在大多数行业人士眼中看来，顺丰高瞻远瞩且做事“靠谱”，但扩张就要付出成本，而自负盈亏的前提，也给不少有意返乡创业的快递青年敲响了警钟。

“承担成本就要慎重，北京此前有一家店尝试失败，开了不久就关张。显然创业并不适合每一个有雄心壮志的人。”快递员坦言，创业之后薪资水平不高，且风险不低。如果生意经营不善，当地快件需求不旺盛，则不如回去做快递员。实际上，为了规避扩张中有可能出现的风险，顺丰方面已经对创业员工的资质和能力进行了考核。譬如在配送过程中有过重大失误的快递员，基本与创业“绝缘”。另一方面，非顺丰体系内的快递员或快递组织，也被排斥在创业大门之外。

【延伸阅读】

管理要因人而变

新一代的年轻人进入公司，对公司的管理尤其是基层管理来说是一个挑战，但这同时也是一种机遇。随着就业群体的改变，公司调整就业模式和管理思路的难度和紧迫性增加增强了，但值得庆幸的是，我们对此早有准备，因为我们一直坚持以人为本的管理理念。

一个好的企业，首先要做到的是奖罚分明，这也是我们顺丰现阶段在做的工作，这样做的目的就是要让员工明白奖罚是有依据的，并不由某个人的偏好来决定的；然后在接下来的3年里，我希望能做到奖罚对称，有奖有罚，多增加一些鼓励的成分；最终我们要达到的是以鼓励为主来推动我们共同事业的发展，让大家在这种良性机制下自觉地规范自身的行为，并形成一个良性循环。这些工作，我们会坚持一步步地推行下去，并最终达到我们的目标。

同时，面对新一代的就业群体，我们除了积极地调整用人理念、管理制度和奖惩办法外，也一直在努力提高公司的信息化程度和改善员工的工作环境。

我一直认为，投放大量的资源去完成行动方案里提到的这些改善工作虽然会带来成本的增加，却是必需且百分之百值得的。因为，只有让我们所倡导的和公司实际的作为相对称，才能增强员工对公司的信赖感。从去年开始，公司就组织了中、高层管理人员到基层岗位去学习体验，目的就是让管理者亲身感受一下一、二线的工作环境，换位思考，提升自己的管理能力，为员工提供更好的服务支持。今年，我们还会加大力度推进这个项目。同时，公司今年会投放3000多万元的经费到地区，用于基层工作环境改善——为了加快改善速度，公司这次决定先给预算，然后再根据地区上报的情况制定标准。此外，今年下半年我们会将工作重点放在软环境改善上，对全网络的工作氛围和工作配套软需求组织调查后，再调配相对应的资源。

如何真正地化战略为行动，让每一个管理者都能切实地将这些因人而变的管理办法执行到位，始终跟上调整的步伐，是公司最大的挑战。

——节选自顺丰总裁王卫在企业内刊2010年6月号的署名文章《提升内部服务意识》

Part8

干快递，要让体力活生出智慧

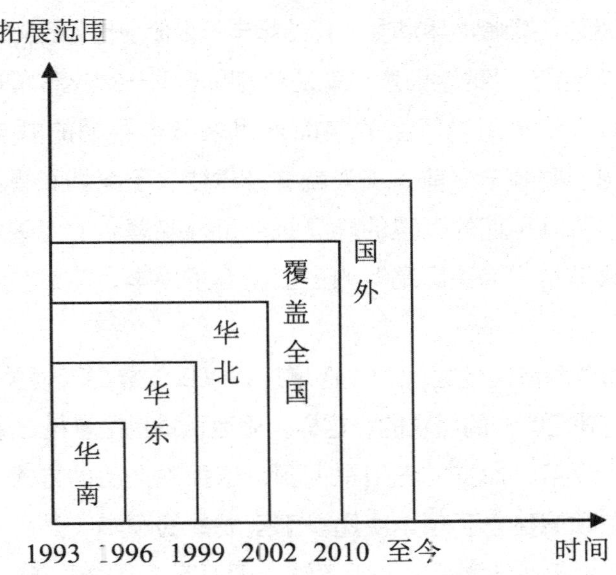

做企业的目的不是为了赚钱，我是想做成一个平台，通过这个平台我可以实现我的价值和理想。

——王 卫

“老鼠会”时代

进入2000年之后，由于在快递行业的成功，顺丰无法再继续低调下去。不过人们对于王卫和他的顺丰依然只有一些支离破碎的了解，而一些同行对于顺丰的快速发展则感到威胁和嫉妒，送给顺丰一个似乎包含贬义的称号——老鼠会。

“老鼠会“的字面意思就是形容顺丰像一窝灰溜溜的老鼠聚在一起。

如果单单用老鼠会的字面意思来形容早期的顺丰，其实是非常形象的。在创办顺丰之前，王卫就曾经靠往来于深圳和香港的口岸，夹带私货发财，所以早期的王卫的确只是一个躲躲藏藏的海关水客，缩首缩尾不正是老鼠吗？“鼠头鼠尾”的王卫创办了顺丰，自然被看不惯的人损为“老鼠会”了。

随着深港两地之间的快递增加，仅仅依靠白天通关夹带的那点私货是远远不能满足客户的需求的，这样，偷运私货也是意料之中的事情了。

1993年，22岁的王卫意识到，这种不合法的方式，终归不是正途，于是他在顺德建立了顺丰快递。刚刚成立的顺丰，是另一个意义上的“老鼠会”：由于业务繁忙，人手不够，王卫不仅要白天亲自送快递，晚上更是忙到深夜，分拣快递等，为第二天的工作做好准备。在当时街道边一间灯光昏黄的小屋子里，王卫带着几个人整理快递包裹，窸窸窣窣折腾到很晚。

其实顺丰被叫作“老鼠会”还有个原因就是同行都觉得他们太过杂乱无章，没有秩序。早期的顺丰，不仅没有统一的快递标志，连快递员的服装都没有统一样式和色彩。交通工具更是混乱，有开着货车的，也有骑着摩托车的，有的甚至要乘船走一段水路才能送达。正是因为这些形式上的不整齐，部分同行觉得顺丰完全不像个有严格规章制度的企业，而是一窝无组织无纪律的“老鼠”。

不管“老鼠会”这一称谓是否包含贬义，王卫始终保持着一贯的缄默。他永远专注于埋头做好自己的事情，专注于努力提高顺丰的服务质量，他依然坚持不做广告。如今顺丰已经成为民营快递的龙头老大，但王卫深知再多的广告，也抵不过顾客亲身感受到的服务体验。

如猫潜行，如豹提速

很少有企业像顺丰这样，在发展的前中期完全没人知道，低调到无声无息的地步，简直就像穿着一身夜行衣，或像只猫一样，骄傲而坚定地走在自己的发展路上。等到后来顺丰成为快递行业的龙头老大之后，人们才慢慢知道它的曾经。

顺丰从1993年建立到1996年基本垄断整个华南地区的快递业务，仅仅用了3年时间，速度快得吓人。不过，很多广东人在那时其实并不清楚顺丰到底是个什么样的企业，至于华南地区以外的快递同行们，直至顺丰进入华东之前，听都没听说过顺丰为何物。

这实际上是很不可思议的，当时顺丰已经垄断了广东、港澳之间的快递业务，是一家足够大的快递企业，华南地区以外的同行们竟然无人知晓，王卫真是隐藏得够深的。验证这种说法最好的例子就是1997年香港回归时，中国铁路快递代表前往广东，与当地官员商讨，希望借此机会开通香港和广东地区的快递业务，却被告知一家叫作顺丰的快递企业早已垄断了整个业务，结果无功而返。

顺丰为何如此低调？这自然根源于其企业文化。企业文化其实就是老板文化；顺丰的低调，其实就是掌门人王卫的低调。王卫身上拥有粤商的沉稳与低调，他几乎是本能地讨厌镁光灯，不喜所谓的大场面、大时代、大手笔等高调做人方式，在他看来，力量蕴藏于安静，沉默是金。

王卫秉持做事低调的理念，不愿出来抛头露面，他不仅曾经拒绝过中央电视台的采访请求，在顺丰企业内部刊物上也从没有他的身影。生活中的王卫也同样十分低调朴素，穿着尤其简单，衬衣、牛仔裤加个板鞋就出门了。朋友在一起聚会，王卫永远都坐在角落，听别人高谈阔论，完全看不出是富豪。受王卫的影响，顺丰的高层也都比较低调，毕竟老板做了表率。顺丰高层在接受媒体采访时，通常都会要求匿名处理，向王卫的行事风格看齐。

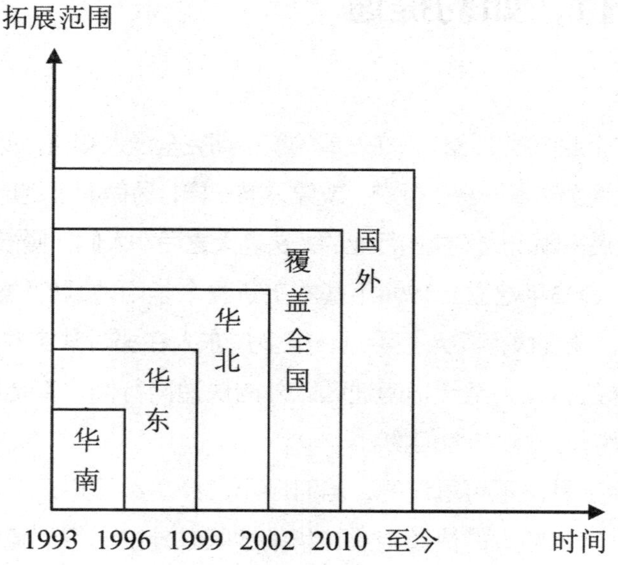

顺丰在王卫的领导下，无论是扩张广东，还是走向全国，都显得那么的悄无声息，完美地诠释着王卫的低调个性。“四通一达”在抢占华东市场之时，可谓是轰轰烈烈，风生水起，宅急送扩张华北地区时也是人所共知。但是顺丰在拿下整个华南之后，依然没有人注意到这个企业。至于1996年顺丰进军华东地区时，更是秉持着一贯的潜入风格，完全没有造势，连“四通一达”都不曾感到有威胁。最后慢慢地才发现，市场份额被一家叫作顺丰的企业抢走了很多。这有点温水煮青蛙的感觉，不知不觉中顺丰就拿下了华东快递市场，而且这个过程只用了3年。

2002年，王卫做了快递业内史无前例的大举措，将加盟商式运营转变为全直营，如此惊心动魄的大动作，依然没有引起媒体的关注。此后的顺丰，完全化身为一只猎豹，无声无息地潜伏在各个猎物周围，而待捕的羚羊依然闲庭信步在草原上，丝毫没有危机感，顺丰进军宅急送的华北地盘，就是一个完美的诠释。

此后的顺丰依然动作连连，但不管是购买飞机，成立顺丰航空公司，抑或是跨界进入冷链物流、电商领域等，王卫都只是在顺丰的官网上默默地贴出通知。其实这每一个大动作，换别的企业来做，都是一次炒作的噱头，很少有企业会放弃提升知名度的机会，毕竟在商海，名声就意味着金钱。之前还有些声音质疑王卫是假装低调，以退为进，而到了如今，人们应该清楚王卫是的确生性低调。

王卫的低调融入整个顺丰的日常运营之中，就让整个顺丰显得同样不起眼。很长时期内顺丰的快递员完全没有专业的服装、车辆，看上去是快递行业的杂牌军，不像别的大型快递企业做得那么醒目；每个顺丰快递员给人的感觉都是普普通通，转头3分钟也许就会忘记他们的长相。

顺丰的员工虽然很不起眼，但是工作很踏实。王卫在管理顺丰的过程中，不关注外在包装，把全部心思都放在如何做好份内事上，埋头苦干，努力提升顺丰快递的服务质量。其实做好自己的本职工作就是最大的宣传，王卫相信，不管自己再怎么低调，高质量的服务也会令客户选择自己，酒香不怕巷子深。同时，王卫的踏实做事风格让每个顺丰员工都像只勤劳的“工蚁”，十几万工蚁组成了了不起的顺丰速运。

防“爆”手段：“收一派二”

经过无秩序的人海战术竞争和低价比拼之后，目前中国的民营快递企业都已经渐渐认识到服务质量才是企业的核心竞争力。对于一个快递企业来说，最终能体现服务质量的指标无非就是速度和安全。王卫认为在当下快递质量普遍相差不大的情况下，快递速度是制胜的关键。正所谓“天下武功，唯快不破”，对于快递行业来说，足够快就能赢得优势，这是颠扑不破的真理。

平时每家快递企业都很快，基本也没有差别，那么逢年过节之际，业务高峰时能否和往常一样快，才是见高下的决胜时期。目前绝大多数快递企业在节日高峰时，都会出现“爆仓”的情况，导致整个快递网络瘫痪。何为“爆仓”，其实就是快递企业短期内接受的快递量太大，处理能力不够，导致大量快递积压在仓储中心和中转中心，而快递网络猝死的情况。“爆仓”的结果就是源头不能接收快递，下游快递分配不出去，中间积压大量快递。

王卫对付“爆仓”很显然有一套，因为顺丰从没有出现过“爆仓”的情况，顺丰不仅是国内总体快递速度最快的企业，更能保证全年365天不间歇运行。王卫是如何做到的呢？其实道理很简单，就和应对季节性洪水一样，要么扩宽水流渠道，要么加快水通速度，避免洪峰出现，自然不会出现洪水泛滥。

拓宽快递渠道，不是一时半刻就能做到的事情，多年来王卫一直在加大运输团队投入，包括购买大量运输车，甚至购买飞机，这些都是扩宽渠道的措施。不过这些硬件设施都需要大量的资金，其成效也并不足以完全避免“洪水”，王卫不得不在加快“水流速度”上动起脑筋。为了加快顺丰的快递流通速度，王卫设立了“收一派二”的快递原则。“收一派二”简单来说，就是一线快递员收取快递要在一小时内，派送快递要在两小时内。

“收一派二”说来简单，可是目前在快递行业内，只有顺丰能够做到，原因就是大部分快递企业的一线营业点分布不合理，商业发达地区太过密集，偏远地区又分散得太开，导致发达地区人力资源浪费，同属一个公司却依然要抢地盘，偏远地区又难以在短时间内完成取件、配送，时效性太差。早期的顺丰也是一样，但在王卫定下“收一派二”原则之后，顺丰的网点建立完全依照这一原则，每个营业点以所在位置为圆点，辐射半径为一个小时车程的业务范围，相邻两个营业点要在两小时车程之内，交叉地区由一线快递员灵活解决，完全扫除业务盲点，确保营业点范围内的快递员收件工作能在一小时内完成。

顺丰按“收一派二”原则建立的营业点，不仅业务盲点少，而且基本都在一小时内可以到达本业务区内的任何地点。至于如何做到取件一个小时，那就是在单个营业点的业务圈内增减快递员。快递业务繁忙地区多撒快递员，相对偏僻的地区则少些一线快递员，通过控制一线快递员密度的方式，灵活的增减人数，不仅保证每个客户周围的一小时车程范围内都有业务员存在，而且人力资源最大化利用。

可是十几万一线快递员如何能在自己的业务圆圈内有序移动，为何不会出现快递员都移动至某片地区甚至跨营业点的情况呢？这就归功于王卫为顺丰员工打造的另一套先进设备——电子“巴枪”（HHT）。顺丰巴枪早已为人们所熟悉，因为每个顺丰快递员上门时都会拿着这个像老式大哥大一样的黑色物体，然后在取件和送件签收时，对着快递包裹上的条形码“开上一枪”。巴枪其实是一种类似PDA的物流行业手持终端，它能够通过扫描快递包裹上的条形码，进而通过网络将其状态上传至顺丰网络总部，同时向每个手持HHT终端的一线快递员开放。HHT还具有GPS定位功能，能够借此确定每个快递员所在位置，并通过HHT向快递员发布周围7千米半径范围内的快递业务，包括哪里有客户呼叫了顺丰，以及所需派送快递的大致位置，HHT会随着快递员的移动而不断刷新7公里范围内的快递业务，完全就是个小型移动智能数据库。

虽然王卫设立“收一派二”的原则，并且提供了包括HHT在内的高新技术设备，但一线快递员不是机器人，各种误差在所难免。再先进的设备也只是工具，替代不了人的主观能动性，王卫管理庞大的顺丰团队多年，自然不会糊涂到认为有了一套商端的设备，一线员工就会完全按照他的意愿行动。善于利用金钱的王卫，通过将“收一派二”原则与员工收入挂钩，很好地控制了一线员工的行动。顺丰快递员的收入并不固定，而是采用计件制，收发的快递数量越多，收入也递增。所以顺丰快递员根本不用王卫强制管理，为了自己的腰包，自然就会拼命加快取送快递的速度。

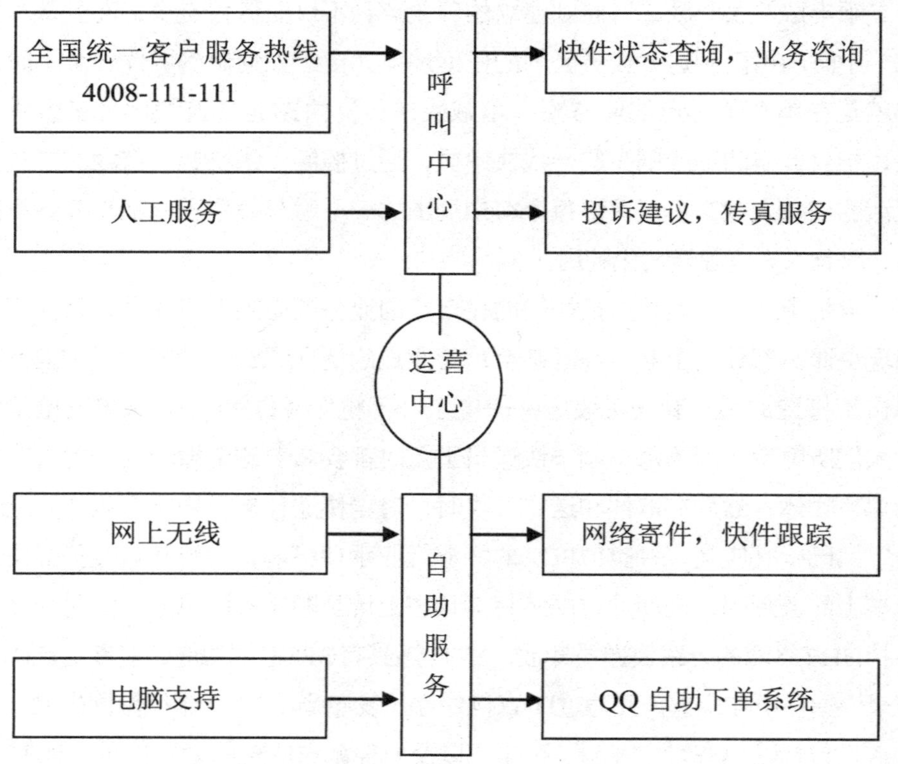

当然，在顺丰并不只有“蛋糕”的诱惑，更有“高压线”的威慑。王卫设立了类似驾驶执照的积分制，犯一次错误就会扣除积分，积分也与收入挂钩。王卫通过“胡萝卜加大棒”的奖惩机制，顺利地掌控了一线员工的日常工作。就这样王卫以庞大的信息网络为中枢，以巴枪连通整个快递网络，借助一定的员工制度，保证了“收一派二”的完美执行。因为这一套操作流程的落实，顺丰取件和送件速度都远高于同行。源头不断有活水，下游又连接广阔的入海口，中间是快速流淌的水流，如何会出现“爆仓”呢?

移动端：指尖上的制高点

移动互联网技术的飞速发展促使互联网冲破了PC枷锁，移动互联网以其更加即时、快速、便利且无地域限制的特性，将网络营销从桌面固定位置转向持有移动终端不断变换位置的消费人群本身。其中，手机作为现代人生活必备品之一，一直稳坐移动终端市场的第一把交椅。数据显示，2012年全球手机用户达到45亿，普及率为65.7%，可见其第一大移动终端的地位更加稳固。所以，移动营销早期的说法也叫“手机互动营销”，主要通过短信回执、短信网址、彩铃、彩信、声讯、流媒体等途径来实现。

随着智能手机和iPad等移动终端设备的普及，人们逐渐习惯了使用应用客户端上网的方式，移动营销的APP时代迅猛来袭。凭借便携、触屏、高清的丰富体验，以Iphone和Android为代表的手机移动设备正悄然改变着企业的商务运行。全球各大品牌商都清醒地意识到APP对现代商业市场的颠覆性改变，相继在主流平台应用商店推出了自己的品牌应用，电子商务由PC端转战移动端。移动互联网成为了继互联网电商大战之后的新战场，各行各业都参与其中。因APP的所有功能皆可通过消费者的指尖划动来实现，所以我们又可以称之为“指尖上的战场”。

2011年，包括凡客诚品、京东商城、1号店、当当网等在内的电商企业纷纷推出手机客户端，这标志着，国内移动客户端的商业使用已经初露锋芒。作为与电商息息相关的物流也开始投身其中。顺丰，作为物流业的前瞻者与先行者，其移动客户端“顺丰速运通”，在各大电商进军移动互联网的同时也率先上线。此后，申通、圆通等也相继跟进推出了移动客户端。

通过比较，几大物流移动客户端的基本功能都包含了寄件、查询与增值服务三大块，在实用性方面都各有偏重。顺丰作为国内高效快递的代表，移动客户端的品牌推广优势不言而喻。为此“用户隐私保护”与“用户体验”就成了几大物流移动客户端一分高下的重点。在“用户隐私保护”这个问题上，顺丰采用了地址代码服务功能得以抢占先机。而在“用户体验”这一方面，娱乐性和安全性是关键性指标。对此，顺丰移动客户端推出了一项有趣的功能——快递员照片预览，提前告知用户将要上门的快递员信息。据顺丰相关负责人表示，之所以要向客户推送快递员照片，一方面是出于安全的考虑，以方便客户核实是否是公司的业务员，而另一方面是为了提高客户体验。对此，消费者们直呼新鲜，更有网友发出 “快递员不帅能否退单换人”的调侃。

不得不说，顺丰此举赚足了消费者眼球，但若要在全国推广，短期内还是有较大难度。 主要原因就是国内快递企业人员流动性很大，人力资源系统和信息系统对接困难。企业一旦对员工信息的采集稍有滞后，便会出现推送快递员信息业务遭遇瓶颈的问题。

陆空双行：快递转型新起步

传统的快递就是在最短的时间将完好的商品送到正确的地点，交到正确的人手上。快和准无疑是赢得更多市场份额的关键。在互联网的影响下，企业对物流的要求也在向高信息透明化、高产品及高运输频率等模式转变。物流不再是简单的按时把物品运送到正确的时间地点，而是通过IT、地面网络、仓储等，实现信息共享化的物流执行。

经过20多年的发展，顺丰速运得到了行业与消费者的一致认可，成为国内快递业中不可否认的强者。业务规模方面，连续多年在快递服务销量方面遥遥领先其他品牌；在业务效率方面，顺丰的次日达、隔日达成为了快递同行中的标榜者。但这些在很大程度上都得益于顺丰在国内卓尔不群的空中运输实力。但是如今，是什么让顺丰速运重新关注陆运运输的，盯上陆运这块蛋糕的呢？

去年12月顺丰速运发布消息称，公司已对全网上百条陆运专线进行了升级。升级后，“标准快递”和“顺丰特惠”两种产品的时效至少提升半天以上。其中，标准快递有40条线路提速半天，顺丰特惠部分线路的时效更是提升一天。而在费用方面，则保持不变。

紧接着，今年上半年，顺丰速运正式推出快递化物流服务“物流普运”，该项服务推出不到半个月，周发件增长超20%以上，在业内博得一片称赞。作为三星、华为、中兴液晶显示屏的供应商，已在深交所上市的天马微电子股份有限公司日前表示，物流普运刚运营不久就已让他们尝到了甜头。因为，顺丰物流普运所提供的物流服务，不但时效上比其他物流服务快1天以上，而且发车频次快还不需要提前预定，“以零担的货物量享受到整车物流的服务”。除此之外，“门到门”、“送货上楼”等服务也解决了困扰其曾遇到的物流公司非“门到门”的固有问题。

从消费者的角度来看，顺丰此举无疑是直接有效地扩大了其业务维度。但从顺丰自身来看，走出这一步则是与其集团的国际化战略方向息息相关的。如果我们整体来看整个物流行业，顺丰速运之前所从事的快递行业是处于金字塔顶端位置的。但是，从国际快递发展历史来看，专业的快递企业向综合物流、供应链延伸是行业发展的趋势。所以，顺丰速运发力陆运建设，是其从快递向综合性物流服务商转型的新起步、新突破。

【延伸阅读】

>> 让最好的员工最快地成长

我们不能苛求每一个基层管理者的管理才能都是天生的，而且，公司在发展，我们也不能等待他们慢慢成长，所以我们必须从公司层面来帮助他们以最快的速度成长。比如我们正在努力将基层管理岗位的需求更加清晰化，并配套相对应的技能培训，然后建包传授给基层管理者，包括教会他们如何驾轻就熟地工作，如何服务好一、二线员工和客户，同时还要学会如何使用我们配套的管理工具，并将这些知识发挥到价值最大化。其实我们已经沉淀了很多东西，只是一直还没有做成一个统一的模板。有了这样的工作模板，再进行信息系统自动化，就会变成一个为我们的管理人员提供管理、参考和分析的工具，甚至能够在上面预警一些可能出现的问题，帮他们做好预防。

随着我们对每个管理岗位需求了解的清晰化，一些相对应的认证和课程会出台。到时，只要你具备了晋升的基本条件，就可以根据自己的发展方向去选择学习相对应的课程，并获得相关的管理资格认证。当你达到岗位发展所需要的业绩之后，公司将通过绩效面谈，考核你是否符合我们的价值观。结合这三方面，并根据内部不记名投票考评来衡量你是否符合你所申请的管理岗位要求。在顺丰，个人的成长是不靠关系的，自己的命运只掌握在自己手里。员工是因，企业是果，员工们成长了企业才能够成长，而在员工的成长过程中，我们还要做到让最好的员工最快地成长。

——节选自顺丰总裁王卫在企业内刊2010年6月号的署名文章《提升内部服务意识》

Part 9

危机关：经营最可怕的在于不懂收

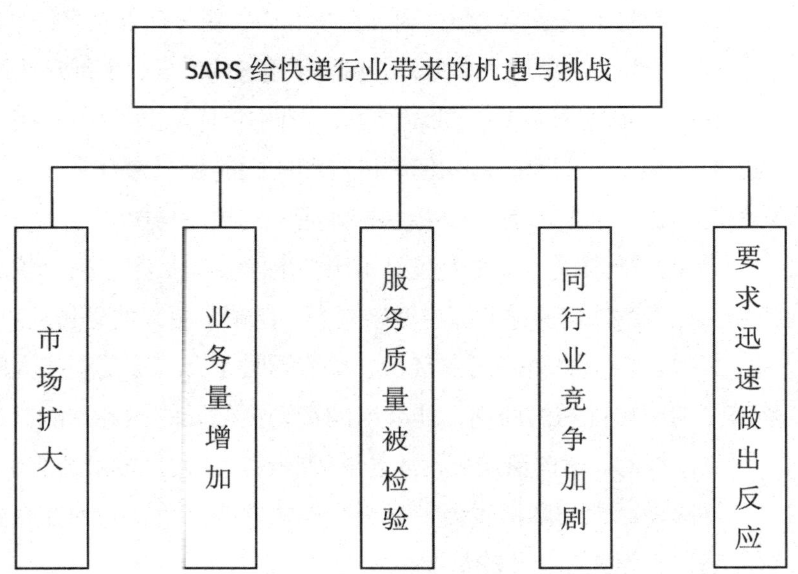

顺丰也缺钱，但是顺丰不能为了钱而上市。

——王　卫

SARS时期是威胁，也是甜头

2002年11月，我国首例SARS病毒携带者出现在广州，随后SARS迅速席卷全国。到2003年，人们的生活已经彻底被SARS影响，若非万不得已绝不出门。阴霾笼罩着的不仅是各大步行街、百货商店，更笼罩着众多经营行业。这段时间，有一个行业冲破这一片黑云，赢得了迅速的发展，那就是快递产业。

在周围SARS病毒环伺的境况下，人们并非不想购物，而是外界环境的限制阻挠了他们。基于此，如何冲破环境的限制就成为众多产业经营者首先要思考的问题。这也正是SARS给快递业带来的机遇与挑战。

具体分析来看，首先大量足不出户的消费者扩宽了整个快递行业的目标市场，也就意味着快递业即将迎来更多的订单，更大的送货量。

其次，各大快递公司在市场的扩大同时也必须接受更多人的检验。只有能够打造出更优秀的快递，能够给消费者更贴心的服务，能够在消费者群体中树立良好的口碑的快递公司才能够顺利在产业发展的洪流之中站稳脚跟。

再次，巨大的商机也会带来更严峻的同业竞争，如何在众多同行之中脱颖而出也成为快递企业的重要挑战。

最后，SARS病毒蔓延之快要求快递行业迅速做出反应。一旦反应不及时，企业很可能会陷入难以摆脱的泥潭。比如若没有采取有效措施应对庞大的市场增量，企业就可能因为无法兑现给消费者的承诺而被消费者抛弃，还有可能因为市场提供了超速增长的空间，于是不考虑自身能够承担的增长容量，不考虑大幅度增长给企业基础提出的新的要求，盲目追求扩张，最终只会走入贪吃蛇的结局。

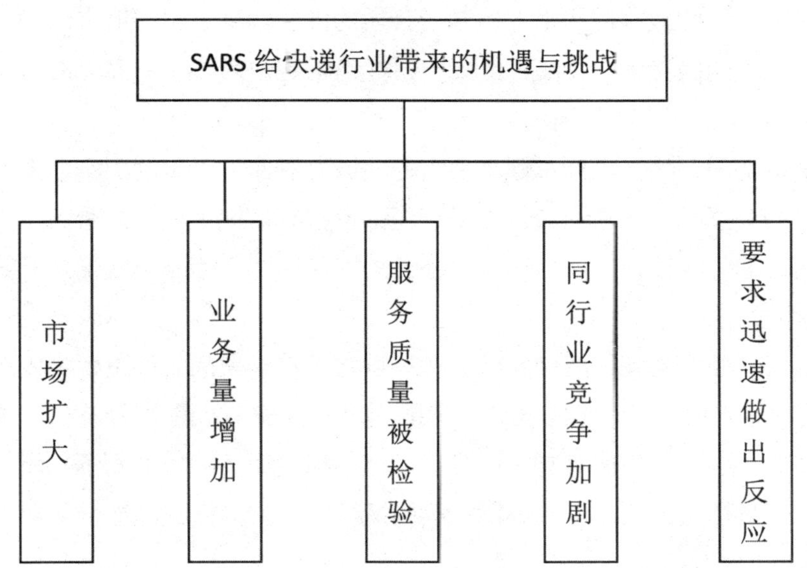

因此，SARS在给快递行业带来机遇的同时也带来了挑战，如果企业不能沉着应对挑战仍可能出现一败涂地的结局。

可对顺丰来说，SARS带来的机遇远远大于挑战。彼时，正是王卫设立深圳总部，完成全国收权的时期。收权之后，员工有了更大的干劲，企业也更加团结，正摩拳擦掌准备大干一场。加上自1993年以来近十年的积累，顺丰应付大容量的业务毫不费劲，服务质量也有一定的提升。而广州恰好是SARS袭击的重灾区，快递的重要性不言而喻，加上顺丰本就从广州开始发展，几乎垄断了广州及深港地区的快递业务，基于此，顺丰的营业额不断增加。除此之外，由于彼时顺丰经营的地区尚未完全扩展到全国，长三角地区也只是稍加尝试，因此拥有庞大的扩展空间。

随着SARS的蔓延，顺丰的营业额不断增长，王卫的心思也跨到了全国市场上。截至2002年，国内快递业务创造的利润额就已经占据顺丰公司总利润的40%，如何将业务扩展到全国早就是王卫脑海中挥之不去的愿望。但与此同时，王卫深知一旦公司的基础跟不上公司前进的步伐，就会给公司带来毁灭性的灾难，因此他非常严格地控制着公司的发展速度。比如追求速度，要求更“快”，拒绝接大件物品；比如将目标市场定位为收入中高端的人群，避免在价格上与大多数同行争夺。

事实证明，这些措施对顺丰后来的发展有着非常深刻的影响。随着2003年王卫的全国版图逐渐铺开，许多问题都得到有效规避：比如避免了与“四通一达”的价格战；比如从一开始强调的“快速”成为顺丰在国内开辟市场最强有力的优势。

这些从业之初就很清楚的目标和规划在公司未来的发展过程中发挥了巨大的作用。“快”是快递业形成之初最基本的定义；而随着经济的发展，越来越多的人会变得更加富有，目标市场也会随着经济的发展而不断增加；同时在大部分快递公司都争夺小额利润的情形下，将价格提高能够避免许多不必要的麻烦。

SARS带来的阴霾经久不散，各个行业都陷入停滞甚至倒退之中。但是危机之处常常蕴含着新的机会，而王卫恰好看准了这样的机会。

2003年年初，由于受到SARS的影响，出行人数急剧减少，航空业呈现出异常萧条的景象。为了获得一点点利润，航空公司只能将航空运费一降再降。王卫就在此时出手，租赁了扬子江快运的5架737全货机，然后与多家航空公司签署协议，拥有了他们旗下飞机的专用腹舱使用权。王卫充分利用航空资源，超越了其他民营快递，打响了顺丰“快”的特色，顺丰也成为全国第一家使用全货运专机的民营快递企业。

面对SARS的影响，快递业的其他公司在发展的同时很少会将自己产业的发展与其他行业联系起来，更不会认为危机带来的全行业缩水能够给自己带来机遇。王卫着眼于自身特色，从“快”到最快的运输工具——飞机，得出了顺丰快递发展需要航空业支撑的结论，不失时机地推动了顺丰的发展。

危机管理并非只有速度一个选项

2008年1月13日午夜时分，顺丰的湖北分区遭遇了一场严重的危机。由于所在区域隔壁房间的供电线路短路，导致大火突然燃起，随着火势的不断蔓延，顺丰的中转仓库被波及。

由于大火发生的时间非常特殊，顺丰的大部分工作人员都已经下班。随着火势的蔓延，大量货物被烧成灰烬。当工作人员发现公司附近火光漫天时，整个仓库已经被烧掉了一半多。随即，他们立刻通知消防队，打电话报告上级领导，按照公司规定的要求，启动了顺丰已有的应急机制。

随着消防队的到来，灭火工作逐渐进入正轨，而就在这短短的时间内，顺丰内部的危机应急程序已经完成了好几个步骤。首先，顺丰当晚的负责人员迅速将此事报告给总部，同时通知湖北区最高级别管理层人员。没过多久，顺丰速运湖北区总经理就冒着大雪抵达救援现场，指挥员工配合消防队员展开工作，同时做出“启用备用场地，首先保证公司内部的正常运营”，“尽一切力量抢救货物，最大程度减少损失”等指示。其次，顺丰总部在得知这个突然情况后迅速成立了应急小组。这个小组以顺丰运营部总裁为组长，客服总监、营运总监、行政总监、企划总监等为组员。他们被连夜召集起来，在副总裁的带领下立刻前往湖北区展开危机后的应对工作。而这些事情完成的时候，大火仍未完全熄灭。

为了尽快熄灭大火，这一夜顺丰湖北区的工作人员几乎全都没有睡觉。而第二天清晨8点，按照上级的指示，他们必须一个一个联系货物受到损坏的寄件方、收件方，向他们通告此次事件，寻求他们的谅解。于是，员工们强打精神，开始一个接一个地道歉、解释，向客户说明公司一定会在最短的时间内拿出令对方满意的解决方案。他们同时也向客户说明了公司现在的缓和方案，即若是一些客户的货物非常贵重，顺丰会承担无偿补寄重要文件或者开具相关证明的工作。

正当湖北区的员工们忙得焦头烂额时，总部的应急小组抵达湖北区。他们到达事故现场后，做的第一件事就是向政府部门汇报此次突发事件的具体情况。从湖北省公安局、湖北邮政局到湖北政府，顺丰的高层管理人员都一一前去说明此次大火发生的原因，表示会尽快处理好善后工作。政府部门在了解了相关情况后，表示会全力支持他们的工作，并提出要尽量避免发生商民矛盾激化这种会产生不好影响的事件。

除了依靠政府处理突发事件外，顺丰还制订了完善的抵制谣言计划。任何公司一旦遇到危机，最害怕的不是危机究竟多么难以处理，而是逐渐滋生的谣言。“三人成虎”的故事说明任何时候谣言的传播都非常迅速，就是通过人们口耳相传，假的东西经过加工之后也很容易就变成真的，真的也容易变成假的。因此，控制舆论对彼时的顺丰非常重要。

因而，顺丰提前将其他地区的呼叫中心转移到湖北区，用来援助湖北区的客服工作，同时减少顾客的等待时间。一旦顾客发现危机中客服热线难以接通，更多的怀疑就会不断滋生，如果让这类不好的言论甚嚣尘上，那带来的危害将更加巨大。

除此之外，顺丰还设立了专门的应答室，特别接待那些到顺丰公司来询问具体情况的客户。这一办公室直接由湖北区的总经理负责。由于总经理对湖北区内各项业务都非常清楚，加上直接指挥了此次救援工作，因此这个安排不仅让前来求解的客户比较安心，还赢得了客户对顺丰的信任感。

与此同时，民众也开始在网络上不断讨论此次事件，还出现了不少就此次事件抹黑顺丰的人。应急小组早已对此有所预料，在已经安排好客服人员通过电话联络解释清楚事件的同时，尽量在各大网站对不明情况的客户说明情况。

这样的工作持续了两天之后，顺丰的应急小组拿出了解决方案。这个方案包括两个部分，第一个部分是向公众说明火灾发生的具体原因，解释清楚为何会波及仓库，说明具体烧毁了多少货物、主要是哪些地区的交易受到了影响等关于火灾的情况，同时向公众表明顺丰自己同广大顾客一样也是受害者。第二部分则是顺丰的赔偿条件。顺丰认为尽管此次事件给顾客和顺丰都带来了非常不好的影响，但是绝不能让顾客为这次事故埋单。为了最大限度地挽回顾客的损失，顺丰决定按照国家《快递服务行业标准》里规定的赔偿价格的3倍对客户进行赔偿。

这次事故发生后不久，王卫也在公司内部发表了讲话。由于此次意外事件让湖北区工作人员的情绪受到了非常大的影响，他们大多沉浸在白忙活一场的无奈和沮丧中，难以鼓足干劲继续工作，为了给湖北区的员工打气，王卫发表了内部讲话表示对他们的感谢，同时做出会将他们这个月的工资提高30%的声明。

随着赔付程序的层层展开，此次事件逐渐平息下来，顺丰靠着自身的实力安稳地渡过了此次难关。

特殊时期的决策

2008年刚开始，一场灾难就降临中国。这场雪灾被称为50年一遇的大雪，众多交通要道陷入瘫痪状态。

我国的大部分快递企业也因此陷入送货危机中。自1月10日大雪落下开始，越来越多的快递公司发出声明，停止收发件或者只收件暂缓发件。考虑到残酷的天气情况及其带来的潜在危险，民众也表示理解这些快递公司的决定，但是部分重要货物或文件的滞留仍然让他们困扰不已。

就在如此严峻的形势之下，王卫做了不停止收发件的决定。

这并不是因为顺丰没有受到冰雪风暴的影响，实际上顺丰的营业点中有将近10个省区市都遭受到剧烈的冲击，这还不是最主要的，航空的滞留让顺丰感到前所未有的巨大压力，大量航班取消，大量航线因为安全问题停止运营，顺丰的许多货物因此无法及时送达目的地。

但是决定已经做出，王卫又是个不愿意轻易更改决议的人，只能想尽办法兑现承诺。最后，王卫成立了专门负责此次事件的1・28小组，要求这个小组及时解决任何时间任何地点发生的任何突然情况。

在严格的要求和强大的压力下，顺丰的员工们必须尽一切努力克服自然灾害带来的困难。为了将货物送到目的地，每一天他们都辛勤劳动着，甚至在温度降到零下的环境里挥汗如雨。

由于大雪的突然爆发，当时的大部分企业都没能及时反应过来，顺丰也是如此。等到清点仓库库存时，工作人员才猛然发现每一天都会有超过150吨货物的囤积。这个数量可不得了，一旦来不及发货，就可能出现爆仓，物流周转不灵随即而来，顺丰长期以来打造的优质高效形象就将被砍去一大半。

为了顺利解决这一问题，王卫下达命令，一定要不惜一切代价把货物送到客户手中，让物流链持续运转，绝不能出现堵塞的情况。在这个过程中，一切能够拉近与目的地距离的手段都被顺丰用上了。

首先就是航空。能够将货物最快地送达目的地的方式就要数航空了，采用这种方式不仅能够在风雪天气这种特殊的时期避免陆运中可能出现的雪灾，还能够更迅速地缓解物流链的停滞情况。但是当时绝大部分航线都已经停止，能够用的飞机也屈指可数。

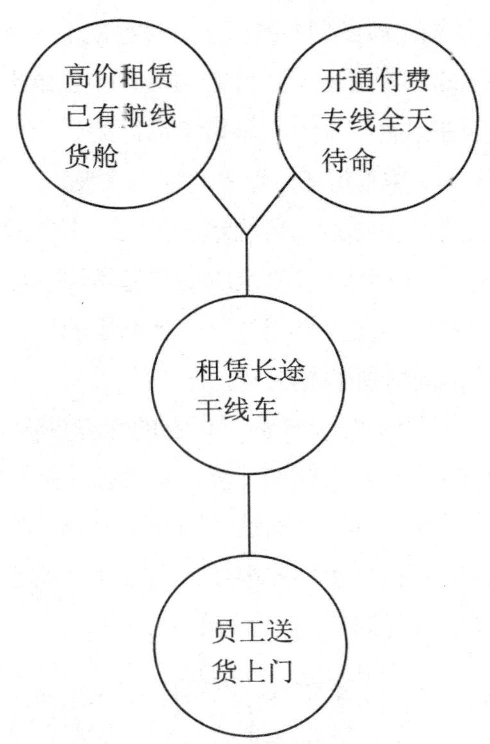

为了解决这个问题，顺丰不惜高价租来飞机的腹仓进行送货，自己的全货运包机也开通了付费专线全天待命。为了能够随时起航，为了保证货物的畅通流转，顺丰没有在投资上吝啬。

但是随着天气越来越差，航空变得越来越危险，能够飞行的航线也越来越少。迫不得已，顺丰只能采取陆运的方式。于是，顺丰花重金租赁长途干线车，专门用来运送货物。

就在这些艰难的日子里，顺丰给客户留下了深刻的印象。尽管顺丰公司内部也有受不了这种残酷的环境选择离开的人，但是更多的人留了下来。不管是高管还是最基层的员工，每一天每个人都只有几个小时的休息时间，熬夜通宵更是家常便饭。他们的目标只有一个，那就是将仓库里堆积如山的货物迅速地消灭掉。正是由于员工们的不断努力，到2月2日，顺丰积压的货物只剩下100吨，按照计划，最多到2月5日这些货物就能被运送完毕。值得一提的是，顺丰接到手里的货物远远不止大雪初下时那点数量。由于顺丰是所有民营企业中仍然保证在这种特殊天气里持续运行的公司，对许多急于送件的顾客来说可谓救命稻草，越来越多的订单向顺丰飞来。

尽管已经能够成功将货物运到目的地所在的省市，但是仍然需要快递人员将货物派送到客户家中。而不少地区本身交通不便，加上风雪袭击，变得更难以靠近，派送任务的难度大幅增加。但是顺丰的员工们仍然克服了种种困难，将货物安全快速地送到了收件人手里。

除了派送之外，在严酷的天气里，货物的保存情况也不容乐观。顺丰为此特地安排了专业的人员前来辅助，重点是加强防范措施，比如防火防水等问题。仓库的安全情况同样要有保证，因此全天24小时的监控也非常有必要，同时在特殊时期总可能发生特殊事件，人力看守也必不可少。就是在这样严格的要求下，顺丰顺利实现了自己的承诺。

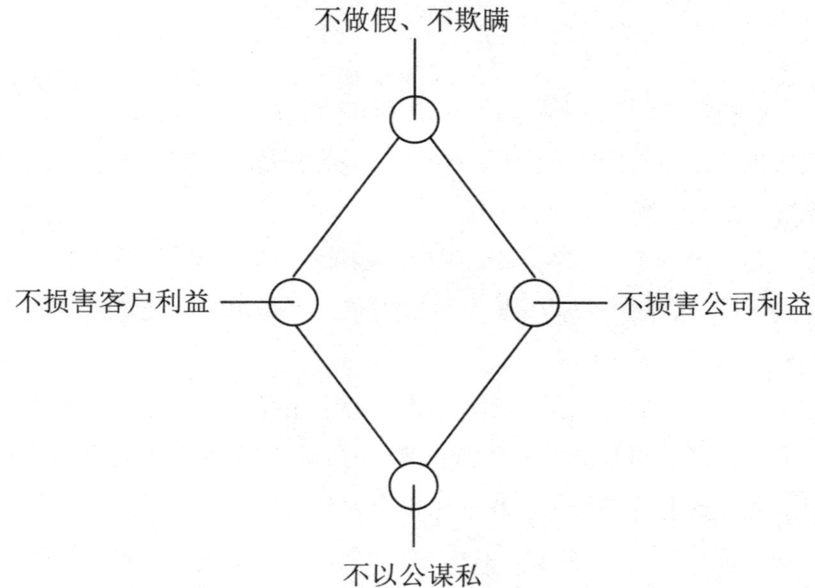

2008年2月24日，这场持续一个多月的特大寒流侵袭终于停止，顺丰在这场危机中的表现使它在公众心中的形象提升了一个档次，尽管做出了巨大的投资，但是顺丰得到的以及潜在得到的要比看上去的多很多。

国际化脚步，“稳”字第一

顺丰的全球扩张脚步图

对任何一个企业来说，广阔的市场和无尽的利润永远是不懈追求的目标。顺丰作为已经牢牢占据国内民营快递企业第一位置的龙头老大，在国内快递市场几乎被各大快递公司全部占领的情况下，将目光投向更广大的国际市场成为顺丰未来发展的必然倾向。

2013年11月，顺丰最新动态再次爆出其国际化的眼光和战略。顺丰对早就开通的日本快件速递业务进行了进一步的完善，除了对原有程序和系统进行升级之外，还新增了日本快件货到付款业务。

随着各国之间的交流不断增加，国与国之间的人口流动变得越来越频繁，因留学、旅游、移民、工作等原因去往异国的人越来越多，更多人希望能够将家乡的物品寄给远在他国的亲人。这就给国际快递业务的发展提供了非常大的市场。加上从事国际贸易人员的增多，对于国际快递的需求也非常迫切。

王卫早就有向国际进军的想法，在2010年，顺丰的版图就已经开始向国外延伸。但是由于资金投入问题，加上环境改变、国际市场整体情况不明了等实际情况，王卫始终不敢全面推进。他采取步步为营的方式，逐步从我国周边地区开始尝试。

王卫第一个看中的目标国家是新加坡。2010年，除了裕廊岛和居民人数不足50人的乌敏岛之外，顺丰在新加坡全境所有区域都建立了营业网点。而此次初涉国际快递业务取得的反响相当不错，王卫也迅速开始了其越来越大的国际扩展计划。

2011年，顺丰同时在韩国、马来西亚、日本3个国家开设营业网点，版图向着太平洋方向不断延伸。随着走入国际快递市场脚步的加快，小小的东亚、东南亚地区又怎么能够留住顺丰疾行的脚步。而今世界最强大最发达的国家仍然是美国，其中潜在的消费市场是众人垂涎的一块肥肉。2012年，顺丰将营业网点开到了美国，走入美国快递市场。

随着营业网点的不断完善，而今顺丰的版图范围包括整个中国，韩国、日本、马来西亚、新加坡的所有地区，以及美国全境。2013年9月23日，顺丰成功将其巨大的手掌伸向泰国，直接开启了泰国全境的快递服务业务。

这让顺丰的许多粉丝非常欣喜。由于国内创下的良好基础，不少跨国企业对无法用顺丰进行国际快递这一点非常遗憾。随着富裕人群的增多，他们希望能够得到更好更快的服务，反而不太在乎花销的多少。

除此之外，而今的顺丰国际快递也有它独特的优势。首先，国内良好的口碑让顺丰的信誉在国际环境里尤其是华人圈里非常受欢迎，在与EMS做对比之后，大部分人都会选择顺丰。其次，随着顺丰网点的全面建设，不管在别国的哪一个地区，顺丰都能送货上门，同时提供高质量的服务。

除此之外，顺丰与国际化标准接轨的统一收派队伍，标准化服务流程，以及管理系统的完善，全程追踪货物运送情况等技术的发展，让不少客户备感欣慰。对大部分国际客户来说，选择快递公司的首要条件是该企业的发货速度、管理系统、货物追踪系统、服务系统等是否做到了最好。而在同一标准条件下，若是多家公司都达到了要求，顾客通常会选让自己感觉最亲近的一家。有时候，这种亲近的感觉甚至能够抵消掉其在运送过程中留下的一些不好印象。得益于此，顺丰获得了不少国际市场。

但是，顺丰绝不能因此就减少防范之心，未来仍需要一步一步踏实稳健地向前迈进。王卫之所以迈开步子时显得小心翼翼、瞻前顾后，就是因为有太多需要考虑的因素给他带来了大量困扰。

首先，国际快递的要求与国内的要求完全是天壤之别。由于国际快递环境比起国内快递环境要成熟得多，因此对于服务质量的要求也就更高。这不只是单从运输货物的快慢程度以及是否安全将货物送到客户手中这种初级层面进行的考虑，更是从货物运输是否人性化，员工服务是否微笑等更多更细致的人文服务角度出发的。换句话说，国际快递业要求从业公司具有更优秀的软文化实力。

其次，开辟国际市场需要非常充足的资金。而资金问题是限制顺丰乃至任何一个民营企业发展的非常重要的因素，没有足够的资金，什么也做不成。而将资金投向国际快递业务，无疑冒着更大的风险，因为不知道是否能够顺利赢利。顺丰高层透露，截止2013年11月，顺丰在国际业务领域的投资几乎没有赢利，因为打造全境范围内的网点需要耗费大量资金，更遑论其中的技术建设、人员招聘及培训等的大量花销。

再来就是对东道国目标情况的未知。由于地域范围、民族文化、语言风俗等方面的差异，不管进行怎样的调查，总会感觉对方与自己隔着一层纱，难以看清。王卫也正是考虑到这一点，才选择从距离我国最近的东南亚国家入手，这些国家的优势就在于距离近，华人群体多，文化上的差异没有那么大，一旦出现事故还可以迅速做出反应，也省去了许多由于社会规则不同可能带来的问题。此后，王卫仍然不敢迈开大步子，因为国际环境对他来说就像海洋那样，在深蓝的海底摸不清前路，不知道哪里会突然爆发危机，哪里可能突然闪现机遇。

除此之外，国际快递市场上的4大巨头对顺丰来说也是非常大的威胁。它们分别是联邦快递（FedEX），联合包裹服务公司（UPS），德国敦豪（DHL），以及荷兰天地速递（TNT）。不必说顺丰，中国国内没有任何一家企业能够超越它们。

王卫也曾对外表示顺丰在国际化道路上的困难，无论是软件还是硬件，都存在很大差距，王卫说："中国民营快递获得法律地位还不到4年，可以说还处于发展初级阶段，和国际快递大企业相比，我们在资金实力、科技实力、人力资源和经营管理经验等方面和他们都有不小差距。

"比如，在资金实力上，人家一家企业就有600多架飞机，而我们中国所有快递企业加起来也只有不到50架飞机；在科技实力方面，顺丰的信息系统在行业内算较好的了，但是也只相当于国际快递大企业20世纪90年代的水平。人才和经营管理经验的差距更不是一朝一夕可以赶上的，国际化水平差得更远。而我认为，最大的差距还是战略。国际快递大企业开设某个网络，只要能够支持自身服务质量提升，可以十几、二十年不赚钱。这样的气魄和实力都是目前我国民营快递企业所无法比拟的。"

作为快递企业，"快"都是必需的要求，而作为国际快递企业，飞机就是必不可少的工具。截至2013年，顺丰自有飞机数量达到12架。但是与4大国际快递巨头相比，拥有飞机数量最少的是TNT，只有47架，最多的则是联邦快递，拥有671架飞机。仅仅从这一个方面来看，顺丰进军国际就还有非常长的路要走。

目前顺丰刚开通泰国的国际服务，美国的全境网点也才建设好没多久，因此短期来看，顺丰仍需要一段时间稳住现有的经营局面，暂时不会有较大的动作。王卫也需要时间进行下一步国际战略的规划，在这块领域，他显然将"稳"字放在第一。

高速扩张，如何控制成本

在大部分客户的印象里，顺丰比其他快递企业更胜一筹的是它送货的速度。自2000年以来，顺丰本身的发展速度也令人惊叹，尽管国内正值大部分企业尤其是快递行业的高速发展期，但是能够做到像顺丰这样的仍然屈指可数。

当顺丰购买货运飞机的消息传来时，不少人疑惑不已：顺丰的钱究竟从哪儿来的呢？首先，快速送货这件事情本身就不容易达到，顺丰通过飞机运货尽管能够完成要求，但是成本花销不就很贵吗？尽管顺丰收取的运费是其他快递公司的一倍多，但是能够弥补这样的大型消耗吗？除此之外，顺丰员工每个人都配备高科技产品，用起来的确非常方便，但是那个也会花很多钱，这么多钱究竟从何而来？

实际上，民众看到的只是顺丰在高科技产品和系统上投入的冰山一角，背后真正的数额难以想象。而这些钱的来源究竟在哪儿呢？顺丰如何在自身迅速发展的同时赢得利润呢？

这就要从王卫特殊的战略成本控制思想说起了。早在对顺丰进行市场定位时，王卫的思考角度就显得独树一帜。他往往出其不意，采取别人很难想到的方法，在成本控制这一方面也沿用了这一风格。

要获得利润有两个途径，一个是降低成本，一个是增加定价。顺丰的定价很少波动，在当今市场已经基本稳定的情况下，再行提价也比较困难。因此，唯一能做的就是降低成本。在其他民营企业大打价格战的时候，顺丰却另辟蹊径，采用了完全不同的与国际接轨的成本节约方式。

在王卫看来，只要做到了最好的服务，未来潜在的市场就有被无限扩大的可能。对于快递，客户最担心的就是安全问题和时间问题，能够在这两个问题上做到最好，自然就能吸引更多的客户。因此，在这两个方面的投入必须不断增加。比如设备、技术、管理系统等全部更新换代，而且一换就是整个公司所有地区所有网点全部更新。从短期来看，这样做的确是有非常大的消耗，但是从长远来看，通过这些更新换代，公司才能承接更多的业务，拿到更多的订单，获取更多的利润。

比如王卫下定决心将自动分拣系统引入公司。尽管这一系统非常有效，但是快递公司往往需要花上10年乃至20年的时间才能收回在这上面耗费的成本，这让不少企业望而却步。迄今为止，只有国际上的大型快递公司愿意采用此种高效的分拣系统，中国国内的就只有顺丰一家。这带来的效益也非常明显，顺丰从此能够接受的订单量大幅增加。而这只是王卫战略成本控制体系中的一部分，除此之外还包含着更多。

快递行业基层人员的工作实际上非常辛苦，连续不断的奔波让他们非常疲累，不断确认详细信息让他们非常烦躁，公司严格的规章制度让他们有苦只能往自己的肚里咽，因而很多人不愿从事快递工作，快递公司往往面临着招工困难的情况。为了留住公司职员，顺丰采取的方法非常简单，就是给予员工高出同行业其他快递公司数倍的薪金。

尽管这一措施看上去使公司成本增多了，但是实际上收到的效果恰恰相反。首先高额薪酬增加了员工对公司的向心力，保证了已有员工的稳定性；其次，高额薪酬还可以吸引来更多的快递工作人员，从而省下不少招聘人才过程中所需要的消耗。

王卫是个非常精明的人，他知道在高科技产品中的消耗实在太大，因而不会再让出任何可以节省的机会。比如在员工送货这一环节，普通公司都会配套公司的车辆，但是王卫不这么做。顺丰所有的城内运送的三轮车、自行车，都是员工自己掏钱买的。普通快递公司不仅要负责买交通工具，同时还要定期保养，这上面的花销就是一笔不小的成本。而顺丰得益于其计件工资的优势，员工若想得到更多的收益，就必须要比别人快，比别人拿到更多的订单，因此也就更愿意自己买交通工具。而王卫正好因此省了一大笔钱，控制了在设备成本上的消耗。

此外，顺丰还倾力打造自己的网上订单系统以及及时反映的客服系统。通过这两个系统的完善，顾客能够事先了解清楚收费标准，还能够很快找到联系公司的方式，下单之后快递员迅速上门取件，既不会有关于价格的争论，工作人员也不会白跑一趟，节省了两方的时间。而如果客户对价格或者其他安排不满，最终导致双方争吵、交易告吹，那将是非常大的浪费。很可能在这段时间，别的快递人员都能完成两张订单了。

顺丰的业务员区域负责制度也为节省成本做出了贡献。区域负责制度主要是指一个业务员只负责一个区域，这个区域内的收件派件都是他的工作。这个制度有什么好处呢？那就是严格控制了业务员的接单量。

有的快递公司为了眼前的利益接了大量订单，最终难以按时完成导致大量顾客投诉，尽管公司拿到了利润，但是由于服务质量失去了潜在的顾客市场。而有的快递公司只做自己能够做到的业务，尽管在订单量上不如前者，但是把每一个业务办得非常妥当，客户也表示非常满意，虽然一段时间内利润不如前者多，但是悄然打开了潜在顾客市场的大门。对于这两种做法，王卫明显更青睐后一种，因此他希望员工能够量力而为。一张无法完成的订单背后是由信誉抹黑带来的浪费，而这个量难以预估。

其实出现为了短期利益而不顾企业长远发展，也是王卫一直诟病民营快递企业家的原因之一，王卫时刻提醒自己不要犯这样的错误，他曾说："中国的民营快递企业家总能想出办法在最短的时间里赚到钱，战术上不输于人。但是，战术上再赢，只要输掉了战略，企业也可能就完蛋了。因此我认为，战略差距是中国民营快递企业的致命差距，我们民营企业有个'短板'，就是坚持性不够，很容易走两步就放弃了。因此我会要求自己特别关注战略和投入这部分，对短时间能够达到什么规模、赢利多少等关注相对少些，对该采取怎样的发展战略以及一定要坚持下去等方面关注多些。当然，现在是战略不能输，战术也不能输，产业发展还很脆弱，企业如履薄冰啊！”

最怕不懂“刹车”

有这样一个故事：某个地方的人在长途跋涉时，连续步行3天，就必须停下来歇息1天。为什么？因为他们认为，人不能走得太快，一旦走得太快灵魂就追不上身体了，越走越快的话，最终会丢掉灵魂。其实，过快前行不仅可能带来灵魂的丢失，还可能引发身体各个器官的背叛。

对企业来说，这个道理同样适用。就高速发展的快递行业而言，长时间的过快增长给很多企业带来了各种各样的问题，也让其中不少企业陷入了危险的境地。

当巨额利润落到头上时，王卫没有为可能取得的70%乃至100%的增长欣喜若狂，反而眉头紧皱。在他看来，最严重的事件不是增长缓慢，而是过快增长，不知道怎么稳住脚步。

为了缓解这个局面，王卫开始拒绝部分利润庞大的订单，试图通过这种方式将顺丰营业额的增长速度压到合理范围内。这个措施取得了一定的效果，2003年之后，顺丰的发展速度保持在50%以下。为了避免在经济飞跃的整体浪潮中被拖着走，王卫决定同时用提价的方法来减少订单：500克货物次日达业务收费从15元上升到20元。在这两个措施的双管齐下之下，顺丰顺利保持了50%以下的稳定增长。

为何王卫要不惜一切手段来控制企业的发展速度？作为商人，不是就应该追逐企业的迅速扩张，寻求更多的利润吗？

事实上，快速扩张对企业来说并不见得是好事。企业就像一个人，采取适度的步伐前行才能不断行走，一旦超过身体负荷，短期内可能看不出来，但长期下去会给身体带来非常大的负担，最终难以为继。而企业快速发展可能带来的后果就是设备更新跟不上企业扩张的速度，人员培养跟不上企业扩张的速度，不断增加的业务量同时让管理人员没有足够的时间来处理这些问题，最严重的甚至会给整个公司带来彻底崩坏的后果。

除了硬件设施之外，公司的软实力也会因此受到影响。一旦公司领导只知道追求飞速扩张，落在员工身上的压力就会不断增加。就算顺丰的员工激励机制非常完善有效，但是人总是有极限的，若是工作量严重超过员工能够承受的范围，员工心里的怨气就会悄然滋生。尤其是像快递行业这种企业形象大多由基层员工塑造的企业，他们服务顾客时态度不好，平日工作时带着极大的怨气，可以想见，顾客以后还会使用这家企业的快递服务吗？

近几年来，随着网购的不断发展，节假日成为各大快递公司又爱又恨的时间。爱的是彼时无数订单会不断砸向他们，一张订单的背后就是一份利润；恨的是每到这个时候，过大的运送量会让许多快递公司疲于应付，加上人力的有限性，绝大部分货物都要过很长一段时间才能送达。比如“双十一”时期，大部分民众都做好了心理准备：11月20号之内能够发货就已经不错了。而快递也就“理所当然”地变成了“慢递”。

伴随着订单量的增加，对快递公司的投诉也在不断增加。但忙着挣钱的各大公司何来时间去处理这些，最终的恶果就是它们在民众心里的形象越来越差，那些认真运送货物的公司的形象则越来越好。

顺丰瞄准了客户的这种心理，因此确定每日的订单量绝不能超过限度。顺丰的高管曾表示：顺丰的要求是保持平衡。尽管我们可以拿到更多的订单，我们可以实现利润70%乃至于翻倍增长，但是这样一来顺丰贸易的平衡就会被打破，我们不希望看到那样的结果。而且一旦订单增多，我们必然没有足够的时间做好每一单业务的完整工作，员工也会只想着更快，从而导致服务质量下滑，这都是我们不乐见的情况。因此，为了更好地服务，我们坚持一定的订单限度。

当业界大部分企业都在为高额利润你追我赶时，顺丰自然也不甘愿落于人后。但比起其他企业，顺丰会适当考虑自身的承受范围。比如当接单量可能超过300万件时，不少快递公司老板会笑得合不拢嘴，但是顺丰会推掉其中至少50万的单子。因为一旦接单量超过250万，员工就很难在当天送完库存货物，最终可能导致爆仓发生。实际上，“四通一达”等企业在春节期间出现爆仓几乎已经成了常规现象，而只有顺丰的情况稍微好些，基本能够保证物流的畅通。

过度接单还会带来一个非常严重的后果，那就是误差变大、丢失货物的情况增多。当需要运送的货物越来越多时，员工心里会越来越焦急，出现错误的概率也会不断增加。而顺丰则要求必须控制误差率和丢失率。假设某家快递公司一天的订单量是200万件，若丢失率是1%，一天至少就会丢失2万件货物，这样的话这家公司根本无法继续经营下去。因此，顺丰制定了将丢失率控制在0.01%以内的要求。

王卫在2013年的新年讲话中，更是坚定了顺丰由量转质的转型政策，他说：“顺丰之前一直都是片面地追求一个‘快’字，当然，也赢得了一些客户的认可，获取了一定的市场份额。但是进入2012年，我明显地感觉到，我们的一些产品和服务在市场上不是那么好卖了。你关起门来觉得自己的服务好是没有用的，好的服务应该卖得很好才对。但现在的情况是，顺丰在市场上有点叫好不叫座的感觉。

“为什么出现这种情况呢？因为市场开始出现变化了，人民的消费习惯开始改变了。如果我们的产品自己觉得很好，客户也感觉好，但人家就是不用你，那么我们很快就会被市场边缘化，最终被淘汰。”

事实上，顺丰的这个决策取得了远超于其政策本身的福利。当其他民营企业陷入爆仓危机时，更多的快件会选择顺丰发送，无形中将顺丰的形象衬托得越来越高大，增加了顺丰的业务量。而货物丢失率的增加会让那些民营企业的信誉受到非常大的影响，加上大多数员工在那个阶段都会变得非常急躁，出现信息错误、顾客投诉也不会认真对待。比如不少顾客抱怨，某快递公司的部分快递员弄错了货物还连句抱歉也不说，给客服打电话投诉让他们迅速把货物换回来，他们也只是嘴上应着，最后还得打电话不断催促，过了不知道多少天才能顺利取回。因此，与这类快递公司形成鲜明对比的顺丰赢得了更多的市场和更高的信誉。

【延伸阅读】

今年以来，公司经营出现了比较严重的问题，集中表现在两个方面：一是收入增长放缓。2012年6月份，收件同比增长24.2%，比去年同期（42.85%）低19个百分点；收入同比增长32.21%，低于去年同期（39.29%）7个百分点。与此同时，整个行业仍保持高速增长，2012年上半年，行业收件同比增长51%，收入同比增长39.7%。我们的增速（收件29.9%、收入35.4%）明显低于行业水平。收入增长放缓，且低于行业增速，意味着顺丰市场占有率下降（大陆地区市场占有率从2011年6月的28.19%下降到2012年6月的26.7%），面临着十分严峻的经营形势。二是盈利能力下降。2010年4月起，公司的成本增速开始高于收入增速，成本线与收入线之间的差距越拉越大，直到2012年6月，成本线依然处于收入线的上方，成本费用增幅高于收入增幅意味着我们在提升资源效能，促进各项成本费用投入合理性方面没有有效措施，盈利能力受到极大挑战。

为什么会出现以上问题？我们应当如何应对？我要谈几点看法：

1.意识保守僵化，缺乏活力

（1）“靠天吃饭”的惯性思维在继续。过去几年公司业务一路高速增长，各级管理者习惯了把主要精力放在内部，闭门苦练内功，漠视市场变化和客户需求的变化。很多同事习以为常，总认为内部管好了就不愁业务。但是随着外部形势的变化，这些惯性思维明显不合时宜，而且正在阻碍公司的发展。

（2）不求有功，但求无过。创新很难吗？我们的管理者水平不够，无法创新吗？都不是。归根到底，是我们自己害怕创新，怕犯错，怕承担责任。久而久之，这种不求有功、但求无过的想法成了主流，创新纯粹变成了口号。

（3）内部工作氛围每况愈下。管理层缺乏使命感，“多一事不如少一事”，不愿开口说话，导致消极的工作状态逐级向下传递，跨部门沟通隔阂、推诿仍在蔓延，使内部工作氛围每况愈下，给企业带来巨大内耗。

这些意识层面的问题使我们面对的困难雪上加霜，怎么办？首先希望大家清醒地意识到：当前的经营形势不容乐观，我们正在丧失应有的市场份额。管理层必须树立以市场为导向、以客户为中心的经营观，解开思想枷锁，从“总部让我做我才做”转变到“总部没有禁止的，我都可以做，总部要帮我做”；鼓励在“不违反法律、不偏离战略”经营底线内的创新。

2.没有建立起以市场为导向、以客户为中心的工作体系

（1）不了解市场。今年以来出现了大面积无法完成收入预算的情况，历次分析都归过于经济形势不好；那为什么行业增速又很好呢？究竟是经济形势不好，用快递的人少了，还是我们的服务跟不上，用顺丰的人少了？

（2）漠视客户的需求。管理层有几个人知道自己最重要的客户是谁？有没有跟这些客户保持面对面的交流，了解他们对顺丰的服务需求？有没有检视几年来顺丰的服务是否具有实质性的提升？有没有试图通过努力成为客户唯一的快递服务商？

（3）对竞争对手的研究浮于表面。我们向来只把国际快递巨头或“四通一达”视为竞争对手，进行简单的动态信息摘录，对经营决策几乎起不到辅助作用。事实是，在不同的市场分层中，我们面对的是不同的竞争对手。以重点大客户开发为例，我们发现国内大型企业的物流和快递供应商往往是一些小公司、货代公司，他们在客户处拿到了“总包”业务量，再把部分甚至大部分业务“转包”给顺丰。这些公司的服务其实是在向客户提供“解决方案”，靠大脑吃饭；顺丰则不幸沦为搬运工，靠体力吃饭。我们在目标客户、目标市场上的竞争对手究竟是哪些公司，他们报价、运作、服务、管理

是怎么样的，客户为什么会选择他们而不是我们，这些问题都是需要去深入了解和分析的。

3.“顺丰能力”未能创新转化为“顺丰机会”

（1）强大的营运能力未能转化为市场份额。公司的营运优势（如时效管控处于行业领先，庞大营运资源衍生的终端配送优势等）没有整合、提炼成解决方案，去迎合客户需求。以时效为例，某大型B2B客户同时选择联邦和顺丰为物流供应商，主要考虑“顺丰没有时效承诺而联邦有”，但使用中客户发现其实顺丰的时效比联邦更快。这种例子还有很多，一方面我们自上而下推动非常费力，不知道能卖给谁；另一方面，大量客户为需求苦恼，却不知道“顺丰有”或“顺丰可以有”。

（2）没有基于品牌优势创新服务模式。顺丰经过多年积累在客户中建立起可信赖的品牌形象，我们的品牌是有竞争力的。以“特色经济”代购为例，客户在选择这种服务的时候，顺丰不单是可信赖的运输途径，更是为客户选购并对产品品质作保证的可信赖品牌。由此不难想象品牌价值在快速消费品市场为我们带来的巨大潜力。

（3）没有通过服务创新去建立与客户“血肉相连”的关系。现阶段国内客户对服务创新的需求并非高不可攀。我们如果能在现有能力基础上做小幅度的改进和延伸，就可以率先令客户满意，提升客户黏度，与客户“血肉相连”。例如我们对电子商务的服务模式就可以通过研究市场上的“落地配”服务，整合自身的营运操作、仓储服务、系统对接等能力，打造一个具有强大竞争力的开放服务平台。

——节选自2012年9月6日王卫《关于顺丰目前面临主要经营问题的几点意见》

Part 10

航空关：财富要为服务让路

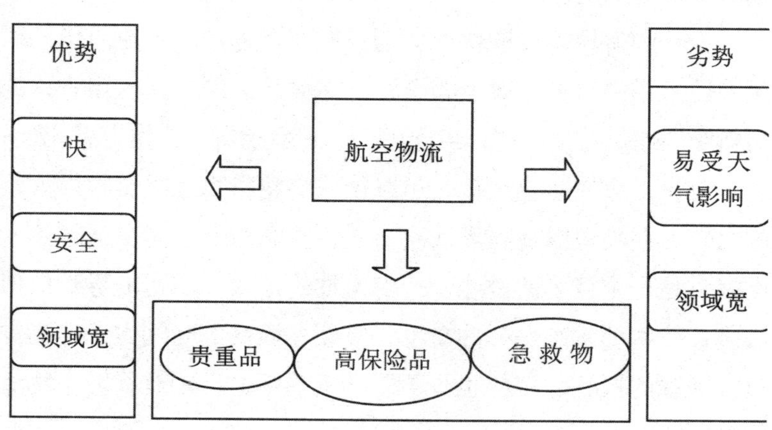

未来会有很多小型快递公司关门，快递行业会进入一个细分市场的时期，市场划分将越来越清楚。

——王　卫

盯住航空市场的需求

飞机在20世纪90年代还是稀罕物，很多人一辈子都没有坐过飞机，坐过飞机的人可以好好得瑟一把，感受旁人羡慕的目光。如今，随着科学技术的发展，用快递寄信件、包裹的航空物流渐渐在中国蓬勃发展，越来越多的企业开始采用航空寄件。

企业向寄件人收取快件，通过航空运输的方式在承诺的时间内将快件送至收件人手中，并随时发布全程运送信息以便有关人员查询的速递服务，就是航空快递。航空快递，自出生就含着金汤匙，但也有着先天的不足。

首先，采用航空运输，可以很快地将货物运送至收件人手中。时效性强的文件、包裹可以在当天或次日送达，这对于当时交通并不十分发达的中国而言，是一个巨大的诱惑。一份文件的延误，很可能导致价值不菲的合约的破裂；一些要求高保鲜的食物，需要在极快的时间内送达指定地点；一些时效性极强的报刊、资料也少不了飞机的帮忙。因此，航空物流借着“快”的优势扶摇直上。

由于航空物流高效快捷，具有低事故性和派送的准确性，一些精密仪器、贵重首饰等也敲开了航空快递的大门。此外，由于航空运输在“天空”领域，不受陆路、海路的限制，借着国际航线这个独特的优势，派送范围极广，覆盖面积大，很多进出口企业也借着航空物流的东风蓬勃发展。

虽然有众多得天独厚的优势，但航空快递的运行也受着老天爷心情的限制。阴雨、雾霾、雷电……老天爷皱皱眉头，航空运输就可能因此延迟。若天气一直不适合飞行，航空快递“快”的优势就荡然无存。

同样，飞机在带来迅捷的同时也带来了较高的成本。一架飞机的价格在5000万美元到上亿美元之间，而燃油费、维护费、飞行员工资等等成本非普通企业所能负担，同时一架飞机的载重是有限的。因此，航空快递的价格一直居高不下。但航空快件运输绝对比企业自己派人登机送材料到各地的成本要低，而且由于其具有运送速度快、快件安全性高等特点，客户仍是络绎不绝。

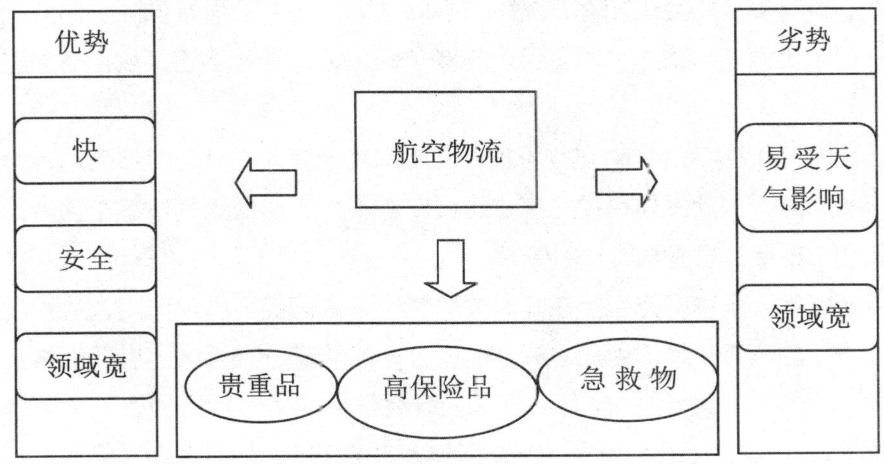

民航快递就是应时而起的一家航空快递公司。该公司于1996年成立，由国内多家航空公司与机场出资，并依托国内外航线与机场的优势，迅速一家独大，霸占了中国的航空物流业。当时，它旗下的产品品牌分别为时效精品与标准快递。

时效精品，显而易见，是航空快递“快”优势的凸显，主要经营紧急文件和时效性极强的物件，包括私人重要信件和紧要文件，如政府批文、海关手册、合同、商业发票等。同样，急救品、广告菲林、时装样衣色卡、旅行者护照等时效性强的也都在此列。标准快递则主要注重“安全”，主要是一些高附加值的IT设备、大型会展所需材料、跨国公司搬迁时的货物等，并可以按重量分12小时递、24小时递、36小时递与标准快递。

民航快递的客户多为企业法人、政府部门、旅行社、高附加值生产商、司法机构等法人，而且购买的时间也有峰谷期。一般11月、12月接近年底企业进行年终结算和开年初3月企业对未来一年进行规划时，需求较大；五一劳动节和十一国庆节也有较大的业务量；其他几个月则销量平稳。一般来说，顾客对时效要求大的快递服务价格敏感度低，价格变化不会引起太大的销量增减。但次日达、隔日达、标准快递等普通快递则面临着较高的价格弹性，价格变化容易引起客户流失。当时国内市场虽然没有国际快递巨头侵袭，但各类同质的快递公司也已出现竞争局面，只是无力将领域扩宽到航空罢了。

而顾客往往以自身的利益为重，若还有其他替代产品，自然会选择价格较低的一方，因此民航快递的客户忠诚度并不高。但由于其在航空物流的垄断地位，没有公司能与其一争高下。

2003年，全中国都生活在非典的恐慌中，人们都不愿意出门，生怕受到无处不在的病毒感染。受此影响，航空公司的航班一减再减，机票价格甚至因此“雪崩”。民航总局6月份将国内航线票价中“燃油附加费”从不得超过票价14%下调为11%，但这并没有引起太大的反响，航空公司形势依然不容乐观。在国内航空情况萧条，乘客寥寥无几的时候，顺丰一反常态，迅速出击，借航空运价大跌之际，与2002年成立的扬子江快运签下合同，租赁了5架737全货机，专门用于承载顺丰快件。这类货机承重约15吨，主要往返于上海、杭州、广州3个城市，虽成本较高，花费巨大，但也实现了顺丰“快”的目标，并且可以365天全年全天候待命，真正急用户之所急，想用户之所想。而年仅一岁的扬子江快运也借“顺风”之力，安然度过了SARS带来的寒冬。

顺丰并没有因为专机而满足，之后又陆续与多家公司签订协议，利用优惠的价格购买了230多条航线的腹舱使用权。难以企及的送件速度和亲民的快件价格（虽多次提价，但仍在20元/500克内）使顺丰拥有了大量顾客，业务量以每年50%的速度疯长，逐渐与EMS比肩，成为国内快递业的巨头，并开始在航空物流领域占得一席之地。

凭借着“快”的服务与飞机的宽领域，顺丰以低价香港件作为主打策略，迅速席卷整个中国。2005年，年轻的顺丰已覆盖全国20多个省，100多个包括香港在内的大中城市，300多个县级市和城镇，建有2个分拨中心，52个中转场。之后顺丰又于2010年建立了筹备已久的顺丰航空公司，成为国内第一家建立航空公司的民营快递公司。

看准时机，及时出手，大胆花钱打地基，“经济动物”王卫正带领着顺丰起飞。

为什么要有自己的飞机

2009年12月31日晚，一架带着黑红顺丰LOGO的全货飞机掠过深圳的天空，与漆黑的夜色融为一体。2010年1月1日凌晨4点20分，杭州萧山国际机场货机坪迎来了这架跨年飞行的全货机。顺丰航空公司的首条货运航线——深圳至杭州开通，而国内第一家拥有飞机的民营快递公司也成功首航。

其实，顺丰在2007年就已经开始筹备航空公司的建立事宜，早在“上海部分民营快递企业‘3·15’座谈会”上，顺丰就表现出买飞机的意向。当时顺丰准备买两架波音公司的 737 飞机和 757 飞机，均为飞行15年左右的货机，大概需要花费1000万美元。2009年2月9日，顺丰航空得到了民航局的大力支持，并获得民航局颁发的《公共航空运输企业经营许可证》。斥资1亿元的顺丰航空批准得建，其中深圳市泰海投资有限公司出资7500万元，占75%的股份，顺丰速运则掌握了剩下25%的股份。而顺丰航空公司的大股东——“泰海投资”99%的股权都由王卫掌控。

或许很多人都会感到疑惑，顺丰不是已经和扬子江快运、东海航空、中货航等航空公司合作，租赁它们的全货机进行运输了吗？230多条航空线路的腹舱还不够用吗？

实际上，王卫有着自己的考虑。虽然与航空公司合作极大促进了顺丰速运的发展，航空物流的“快”与“安全”是顺丰高质量服务的极大保障，而合作互惠互利，既提高了顺丰速运的快件运送速度和服务质量，也增加了航空公司自身的收入，使双方的资源得到了优化配置，但与航空公司的合作也制约着顺丰服务质量的提高。

顺丰航空副总裁李东起在一次演讲中对这一问题做了详细的剖析。不可否认，和航空公司合作有着极大的优势，但顾客究竟想要的是什么样的服务呢？电子商务的兴起带动了快递业的发展，与此同时，电子商务的市场规模以每年35%～40%的速度增长。可见由电子商务引起的快递需求市场巨大，但目前民航货运量并没有随着电子商务与快递的崛起而突飞猛进。从市场角度看，电商的成交价在500元以上才有可能承担得起航空物流的服务，而目前大部分成交单价都在350元以下，虽有增加趋势，但很大一部分客户仍会选择普通快递。

而很多采用航空物流的客户看中的是稳定性与时效性，但顺丰与这么多航线合作，算得上是稳定的供应链了，为什么还是有很多高价值的商品喜欢走陆运呢？

这就与航线的时间限制有关了。许多客户在选择航空物流时看中的不仅是快速、稳定、安全，次晨达也是十分重要的因素。但之前顺丰并非所有时候都能做到这个要求，要赶上次晨达，就必须赶上合作伙伴的晚航班。据统计，很多快递需求都是下午4点后产生的，尤其南方一些地区近七成的快件业务都是在下午4点后，快递员上门取件后没有办法保证能赶上当天的晚航班。虽然顺丰已经包用了国内近四成晚航班，但航班毕竟以客运为主，起飞时间并不会因为快件延迟而更改，因此次晨达的要求就显得难办了。若乘次日的早航班，大部分快件都得到下午才能派送到收件人手里。同样，在国际业务上，次晨达也显得极为难办，下午 4 点后产生的国际快件必须在海关等政府机构下班前送达并完成手续才有可能实现次晨达，若延误了，则最快也只能次日下午送达。

大多数客户对此较为敏感，若无法完成次晨达，他们会选择次日达，而这普通的陆运就可以做到，且成本相对较低。因此，为了更好地服务客户，自己的航空公司显得极为重要，不受时间限制，可以随时为顾客完成快件运送，顺丰航空也终于蓄势发力了。

2010年3月22日，B-2832号波音757-200型飞机在国航西南分公司完成最后一次客运任务后，由西南飞行部李明作机组驾驶从成都双流国际机场起飞，历经2个多小时，飞越1700多公里后，到达厦门高崎国际机场，顺利按销售合同交付给顺丰航空公司。波音757是波音公司设计用于替换波音727的，有着较为新颖的设计，如双引擎和双人操作的驾驶室。顺丰将原来的客机改造成全货机，保持了最大起飞重量和最大着陆重量等指标。

2013年11月1日，顺丰第13架自有货机飞抵深圳宝安国际机场，将正式加入顺丰航空机队，为顺丰的航空物流业发光发热。仅仅4年时间，顺丰凭借着充裕的货源支撑，已拥有13架自有货机。同时，顺丰仍与其他航空公司密切合作，国内近1700个早航班顺丰占了843个，晚航班也占了四成。本来由各个航空公司运送的快件都给自己人——顺丰航空运输了，国内的航空公司业务是否被大大削弱了？事实并非如此，国内4大航空公司除海航的扬子江快运外，都不经营国内的货机路线，而本来应是竞争对手的扬子江快运因为顺丰充裕的货源支持而十分走俏。

而在货舱方面，其他航空公司的网络与航班时刻是顺丰航空无法企及的，顺丰无意去争夺，仍然借用腹舱的合作方式，实现全国航空派送。可见，顺丰将合作与竞争做了极好的平衡，真正实现了共赢。

而在顺丰忙着建立自己的航空公司，并积极和国内航空公司合作时，拥有庞大机队的国际快递巨头联邦快递也透露，要把一些低端货物从自己的货舱中剥离出来，交给航空公司腹舱进行运输，目前美国达美航空公司近四成的业务来自FedEx和UPS的2日件和3日件。

顺丰航空公司的成立是为了更好地服务客户，摆脱了航班的时间局限性，顺丰可以带给客户更贴心的服务。同时，自建与合作的平衡也是一种资源的优化，使得双方均可获益。

顺丰航空逆市飘红

顺丰航空的出现惊艳了许多民营快递企业，也令EMS、FedEx、UPS等快递大佬刮目相看。顺丰航空的基地设在深圳宝安国际机场，离顺丰大本营很近，而在顺丰航空成立之前，深圳机场就与顺丰速运有着千丝万缕的关联。

即使在金融危机爆发的危急时刻，深圳宝安国际机场的货运量仍保持着1/4的增幅，在一片惨淡的航空物流市场上逆市飘红。而2010年前9个月，在货邮吞吐量仍保持着较高增幅的同时，其国际货邮业务的增幅高达225.3%，尤为引人注目。这不仅有2010年2月转移到深圳的UPS亚太转运中心的功劳，于2009年成立的顺丰航空也功不可没。而深圳机场早已认识到顺丰这个具有巨大潜力的帮手，积极配合顺丰航空的建设，并在2009年将国际货站一期场地租赁给顺丰，为其全货机出港服务。

该场地面积近2万平方米，全货机出港操作专用场地可以大幅提升顺丰公司全货机操作时的地面保障，提高其货机出港效率，也有利于顺丰机场业务的发展。顺丰包租的9架货机可以在此享受到出港卸货、分拣、装箱建包、安检和打板等服务，日均出港货量为150吨。不仅如此，宝安机场为了顺丰航空的建立，积极与人事、税务、海关部门协调，减少了顺丰航空筹建过程中的税务优惠、人才引进、专项补贴等阻力。目前，顺丰航空的货运量占了深圳机场总货运量的1/4，且保持着20%以上的增长速度，可以预见将来深圳机场与顺丰航空将联系得便加紧密。

顺丰总是在不动声色中完成它的扩张，这次也不例外。顺丰航空成立之后，它以“顺丰速度”席卷了国内各大机场，签订了合作协议，为其分拨中心辐射范围，业务覆盖面积的扩大打下了坚实的基础。

2010年1月，顺丰与萧山机场在“2010年香港·浙江周”上正式建立战略伙伴关系。萧山机场将成为顺丰中国航空快件运输枢纽，并支持顺丰航空的18架货机运营，日起降次数40以上，航线覆盖国内18个经济发达的大中城市，并开通“杭州—香港”的货运直达航线。之前香港的快件都需经过3个流程：国内航空运输—广东口岸通关—陆运进出关境，而现在的直达航线大大减少了快件运输时间，凌晨发件，下午即到，只需12小时。

2010年10月，顺丰航空与郑州机场合作，开通郑州—武汉—深圳、香港—郑州—宁波两条货运航线，与华北的分拨中心相互照应，完善了自身的航空物流的网络。

2011年3月，顺丰航空又与南通兴东机场签订合作协议，分阶段在兴东机场投放货机，巩固和发展南通市的物流网络，和杭州萧山机场相互照应，与全国的航空物流进行承接，并为其日后的国际航线打下了基础。

2011年7月，顺丰速运的华中货航枢纽港在武汉天河机场落成。顺丰的自有货机将每周飞行5个班次，执行深圳—武汉—郑州的航线，而另一架全包机也会执行北京—杭州—武汉的航线。同时，顺丰全国陆运集散中心的建设也在武汉市东西湖紧锣密鼓地展开。紧接着，2011年10月，中国机场业首家中外合资企业——咸阳机场、西部机场也与顺丰签署了合作协议，顺丰航空将触角伸向了西北货运市场。

在顺丰航空紧锣密鼓地在全国布下自己的航空网络的同时，它自身的股权也在悄然改变。2011年8月，股权重组申请获批，顺丰速递向顺丰航空注资4亿元，结合之前的投资，共占有85%的股份，而原本的大股东深圳市泰海投资只持股15%。

顺丰与国内所有货运公司一样，采用夜间航班运输，虽然避免了日间航班忙碌的延误，但对公司相关方面的管理提出了更高的安全要求，从业人员必须拥有过硬的身体素质。因此，除了官方要求的休息时间外，顺丰还会将每个飞行员的平均飞行时间控制在局方规定的时间内。

建立时“烧钱”的担忧已烟消云散，充裕的货源支持使得自有货机的价值更加凸显，顺丰航空对顺丰速运产生了巨大助推力。但顺丰航空并没有自大到包揽全中国的航空业务，它有着精确的市场定位。顺丰航空在与各个机场签订合作协议，开始完善自己的航空网络时，并没有忘记和航空公司合作。航空公司把重心放在珠三角和长三角，并立足于此，辐射华北、东北、西南地区，而顺丰则同时通过和航空公司的腹舱合作，巩固全国的物流网络。

2011年5月，国内最大的货运航空公司——中货航在上海与顺丰签订合作协议，实现“天地合一”的空地联运组合。

之后，顺丰又一改往日零散的合作模式于2012年3月与南航尝试了总部合作，并将在国内8个城市开展航空业务。这8个站点包括大连、深圳、北京、长沙、广州、武汉、海口、沈阳，双方将互以对方为优先，在部分客机航班固定合作的腹舱，实现利益共享。

同时，如便利店一样，顺丰并没有因为侵占航空物流市场而受到货运公司的指责，反而平衡了竞争与合作的关系，实现了双赢。

顺丰的服务虽然“价高一筹”，但顾客依旧络绎不绝，顺丰航空功不可没。“快”的服务不再受合作伙伴航班的制约，可以自由运送快件；统一的服务，也令顺丰可以及时掌握全程的快递动态，做出更快更好的反应。

在收获成功的同时，顺丰航空也面临着各类问题。目前航空运输市场发展强劲，但我国在册通用航空飞行员数量不足4000名，培养环境的欠缺与对身体素质的忽视，导致很多年轻人被拒于飞行员大门之外，而另一方面飞行员却又供不应求。顺丰虽然有着自己的人才培养体系，会从内部持续招收签派学员、机务学员、飞行学员，送到专门的航空院校进行培训后，再参与公司内部航班的运营。但航空未来的发展市场巨大，顺丰目前的选拔体系可能无法保证未来人员的充足供应。与此同时，机场的时刻资源紧张，顺丰航空目前只能以夜航为主，货机利用率相对较低，并且要求人员快速装卸，存在一定的快件安全隐患。

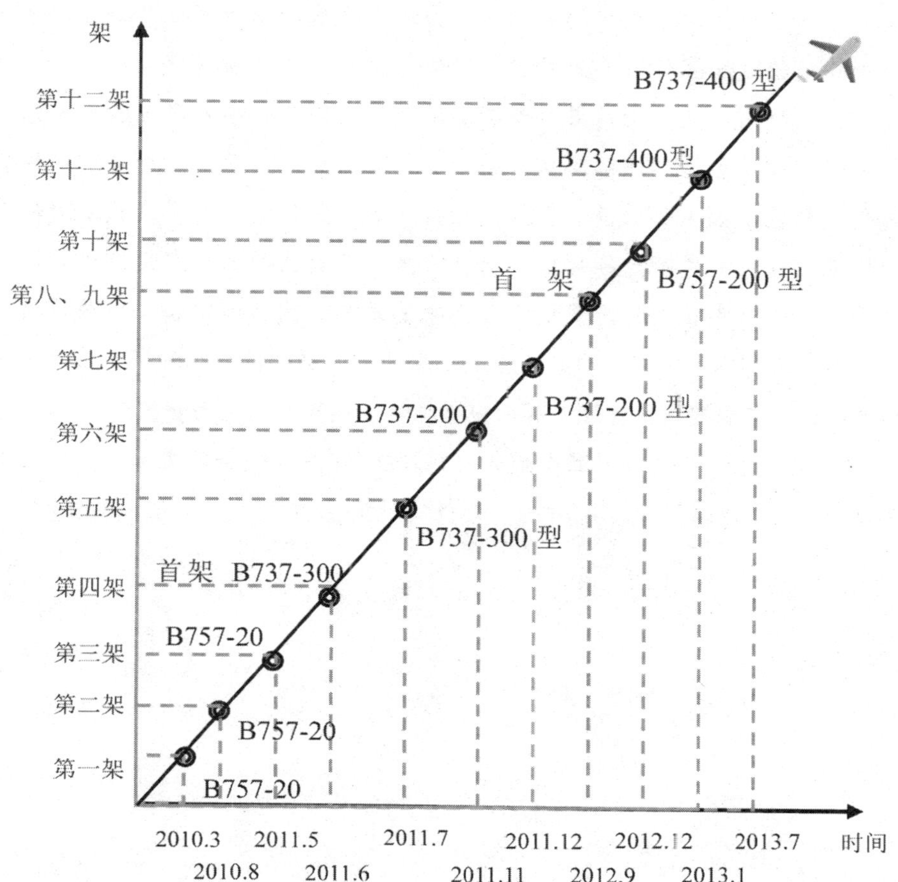

【延伸阅读】

》科学地完成价值观落地

在公司快速发展的过程中，顺丰的基层管理者是需要承受很多压力的。这也对这个岗位提出了更高的要求。作为一个合格的基层管理者，要非常理解公司的价值观和我们所面对的就业群体以及我们所从事的这个行业。比如现在地区反映的一些关于基层管理者的管理风格问题，就暴露出我们有的基层管理者对公司价值观理解得并不是很透彻，当然我们要先反思在这一块公司是否做到位，如果公司没有给他们相关的价值观培训和宣讲，或者对他们的价值观表现没有进行定期评估，价值观里一些对品德的规定没有细化到与工作相关的言行举止中，那我们用什么来要求他们的行为符合公司的价值观呢？价值观决定去留，能力决定上下，如果我们一系列的培训和评估做到位，那些达不到价值观要求的管理者理所应当地就应该离开现在的管理岗位。

——节选自顺丰总裁王卫在企业内刊2010年6月号的署名文章《提升内部服务意识》

Part 11

零售关：越逼近答案的地方越迷离

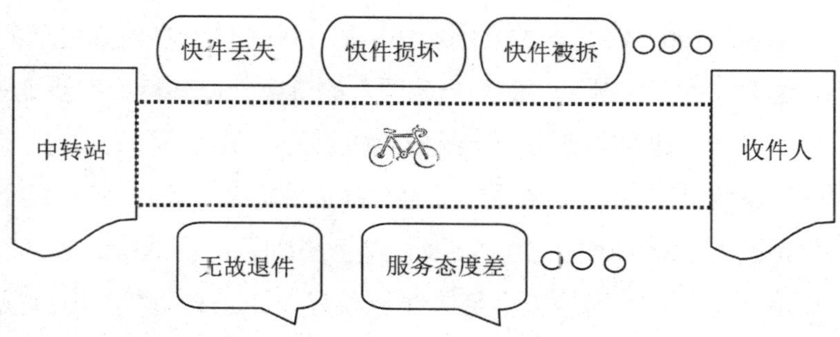

不是所有的快递公司都一定要在全国铺设网点的，找准定位最重要。

——王　卫

便利店：求解最后一公里

“最后一公里”，原指在完成长途旅行前的最后1000米，后被引申为完成一件事情前极为重要的最后一步，被广泛用于教育、交通等方面。而对于物流来说，“最后一公里”指的是快件从中转站到客户手中的最后1000米。

快递业的“最后一公里”，既需要完成货物到分散点的传递，又需要直面客户进行服务。近年来，快递行业发展得极为迅速：从1990年的1万件到2000年的100万件，再扩展到2010年的1000万件。在急速发展的背后，快递行业也面临许多问题，“最后一公里”的难题让快递行业举步维艰。

第一、快递业务目前已经成为投诉的“重灾区”， 受到了很大的考验。据数据统计，2013年10月，国家邮政局和各省（区、市）邮政管理局受理消费者投诉近25000件，其中涉及快递业务问题的占总申诉的95.3%，涉及54家快递公司。近一半的申诉与快件延误有关，三成消费者申诉投递服务，快件短少、丢失、损毁也占了近两成。天天快递以40.9%的申诉率高居榜首，其快递延误申诉率、快件丢失申诉率、服务申诉率分别为23.6%、6.5%、8.4%；“四通一达”和一些国际巨头也榜上有名。顺丰以3.7%的申诉率排在10名开外。而申诉中占比较大的快件丢失、包装破损、服务态度等问题大部分都发生在物流配送的“最后一公里”。

第二、电子商务行业迅猛发展，极大地推动了快递行业，同时也显露快递行业服务方面存在漏洞。如2013年“双十一”淘宝销售额为350亿元，所成交的货物都需借快递之手送到客户手中。这就意味着快递员在最后一公里需要到不同社区送货上门，直面更多的网购一族。而在等待收件人取件的过程中，快递员常常会遇到客户不在家、客户联系不上、收件人无法及时取快递等各种情况。作为派件终端，快递人员需要直面客户，其服务态度往往直接关系到以后的顾客关系维护。不礼貌的派件行为、粗鲁的服务态度、与顾客随意赌气退件，都有可能得罪快递业的“衣食父母”。同时，某个顾客的抱怨极有可能会影响该顾客身边的亲戚朋友，从而失去一大批潜在的客户。下面这个例子并不十分普遍，但也在一定程度上说明了快递行业的服务漏洞。

黄经理曾有过一次很不愉快的寄件经历。作为一家装潢公司的经理，为了维护客户关系，她委托一家快递公司向各地客户寄出了从杏花楼、新雅等购买的价值近10万元的月饼券和OK卡。但没想到，收到货物之后很多客户反而不再与她合作。黄经理百思不得其解，于是打电话询问一些老客户。原来，客户收到的月饼券为过期券，而OK卡内金额仅剩5元、10元。黄经理找到该快递公司负责人，向其反映了所遭遇的情况。片区经理承诺上报，之后就了无音讯。很显然，快件不会在寄件公司和中转站被拆，这种情况一般有两种原因：一是公司内贼，二是快递员调包。快件安全得不到保障，顾客怎么还会放心？一次差的服务就很可能和这个顾客永远失之交臂，因此规范快递从业人员行为不仅关系着快递公司的直接业务收入，也对客户开发有着重要意义。

第三、目前快递行业利润率极低，恶性竞价形成的循环让许多快递公司苦不堪言。员工流动大，导致企业完全无法考虑员工素质等问题。低端市场上，民营快递以低价抢占市场，每件同城的运费在5~8元，利润已十分微薄。来自一家大庆民营快递公司的数据显示：快递分“收件”与“派件”，即接手顾客需要寄送的文件和将快件派送到收件人手里。其中派件只能拿到2元左右的派送费，基本是亏损的。而在整条流水线上，我们看不见的分拣工人工资水平很低，企业根本留不住人。

第四、自油价上涨后，很多低端民营快递都上调了自己的价格，但快递员的工资并没有因此上涨。他们大多基本以计件为主，底薪极少，网上爆出月入万元的快递哥毕竟凤毛麟角。一线快递员兼加盟店经理透露，目前快递行业大部分快递员都无底薪，有些公司大概有300～500底薪。快递员一般月入2000元左右，无“三险一金”，主要以提成为主，提成10%，即一单0.5元左右，即使这一单送的是电脑等高价值物品，也只有0.5元收入，除非客户对快件保价。快递员每天需要做单上百件，时间显得极为宝贵。因此，催促收件人收件、不来收就退件、快件被调包、转单等事件层出不穷，物流“最后一公里”管理不规范，颇受顾客诟病。

第五、目前国内大部分快递公司（除顺丰、EMS外）的加盟店缺乏统一的规范管理。各店主为了控制成本，也不会强调快递员要有“客户至上”的服务理念。大部分快递员工资以提成为主，只重视自己能完成的数量，对服务质量不屑一顾。总公司虽已认识到这些缺陷，但关闭某一加盟店又会影响整个服务区域，配送网络缺失，因此对于“最后一公里”的服务质量也心有余而力不足。快递员无法得到规范的行业培训，其自身又无提高自己的服务质量的意识，导致许多顾客遭到不礼貌的对待，从而对快递行业颇有怨言。

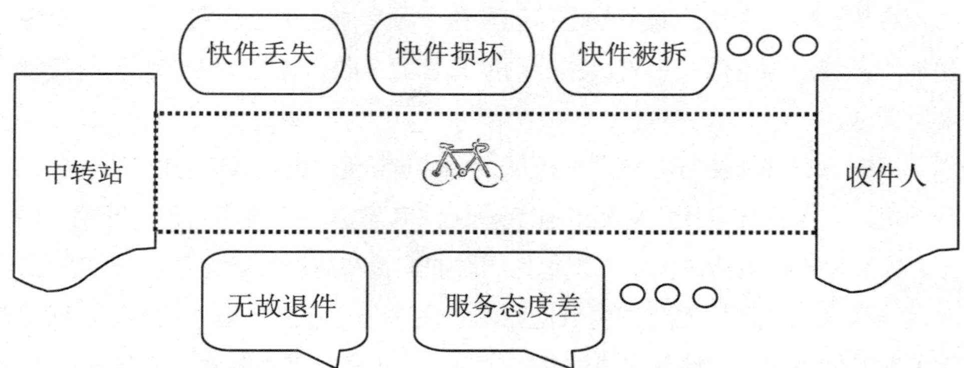

虽然顺丰速运是直营模式，相比其他竞争对手有较大的优势，但也需要面对快递业广泛存在的矛盾——“最后一公里”内一线快递员与顾客的矛

盾；日益高涨的成本与难以提高的价格间的矛盾。如何在利润微薄业务量却巨大的“最后一公里”站稳脚跟，控制好成本，规范快递员的派件行为，获得尽可能多的利润，成了摆在顺丰面前的一个巨大难题。

面对“最后一公里”的难题，国内已有很多解决方法：邮政、天天等选择和便利店合作，拓展其服务领域；京东开创了“地铁收发站”，方便上班一族的快件取送；北京朝阳、海淀区则开通了“社区收发室”，利用小卖部和报刊亭作为代收点，申通、韵达等已陆续加入。

顺丰选择了与便利店合作的方式进行试水。2011年10月，顺丰在广东深圳开始了与7-11的结盟，并在12月与广州市粮食集团旗下零售终端8字连锁店的48家零售店合作，设立了更多的寄件服务点。这是一种互赢模式，顺丰将借便利店提供更便捷的快件服务，而便利店也将从快件收入中获得一定的利润。

但顺丰不满足于此，在与7-11等便利店合作的同时，又低调地推出了20余家自营便利店，成了全世界第一家自己经营便利店的快递公司，同时计划在全国范围内陆续建立1000家类似的便利店。

此举将给顺丰带来怎样的机遇与挑战？“最后一公里”的难题是否能因此圆满解决？

挂靠式“联姻”

2011年10月，家住深圳的网友在微博上的一张图片引起了大家的热议。那是一家冠有黑红LOGO“SF”和“顺丰”的便利店。“昨天还是便利店，今天就成了顺丰的网点？”继与7-11、8字连锁店“联姻”后，顺丰自立门户，开设了自营便利店。

其实，2007年，顺丰就在台湾推行了与便利店合作的模式，并和4900多家全家、莱尔富、OK便利商店建立了覆盖全台的合作网点，希望能借此试水“最后一公里”的解决方法。此后顺丰在国内复制此种模式，于广东深圳开始了与100多家7-11便利店的“联姻”，并于12月与广州市粮食集团旗下零售终端8字连锁店的48家零售店合作，设立了更多的寄件服务点。王卫还计划和华润万家、百里臣便利店、百里汇便利店等合作以扩大规模。顺丰将借便利店提供更便捷的快件服务，而便利店也将从快件收入中获得一定的利润。与7-11和EMS的文件类邮件收发合作不同，此次，王卫将眼光投向了包裹，并给予了一定优惠：与标准快件相比，仅首重而言，同城或省内件在便利店寄送可便宜2元，省外航空件可便宜3～7元，续重还有进一步优惠。同时，为了安全起见，便利店工作人员会在第一时间将收到的快件包装，全程都在监控之下。这种零售与快递结盟的合作模式，对于物流“最后一公里”难题的解决有一定的借鉴意义。

首先，便利店24小时营业，极大地方便了顾客的取寄件。平时上班的白领会收到货物到达指定便利店的通知，无须再麻烦同事朋友帮忙签收，下班后也无须急匆匆地联系快递员，只需顺道带着身份证去便利店自取即可。同样，很多消费者为保护隐私或者因为时间急迫，认为快递员上门取件会带来很多麻烦。现在只需在确认符合寄件标准的情况下，了解附近的便利店名称和代码，致电客户专线，然后带着快件到附近的便利店填写相关表格即可完成寄件。24小时的便捷服务可以抓住更多消费者，从而促生更多的快递业务，而近在咫尺的便利店寄取业务也满足了各类顾客的需求，巩固了顾客对顺丰速运的忠诚度。

同样，和便利店的合作也方便了快递公司的派送业务。很多社区居民的快件不再需要上门派送，只需送到定点的便利店，人们可以随时去便利店取件，不再受快递员派件时间的限制。而快递员也无须等待收件人取件，极大地节省了时间与人力成本。同时，快递员与顾客的直接接触减少，快递员与顾客因服务态度引起的摩擦也因此减少了，由此引起的申诉也能大大减少。在便利店取寄件也有利于派送终端的规范化管理，减少快件丢失、破损等现象，改善“最后一公里”配送的大难题。而便利店也潜移默化地为顺丰做宣传，进入便利店消费的顾客有可能成为顺丰的客户，从而增加业务量，提高品牌知名度。

实际上，这是一种共赢的合作模式。除了顾客、快递公司因此受益外，便利店也可以借此增加店内的客流量，带动了销售额的增长。

不过，这种合作模式也有着一定的弊端。长久以来，很多顾客都习惯了上门取件、送货上门的业务，对便利店的寄取业务需要一段适应时间。若快件丢失损坏，容易引起便利店与快递公司的服务纠纷。同时，便利店还会分走快递公司快件利润的8%左右，这对本就利润微薄的快递行业冲击较大。

其实，在日本，快递与零售店的结盟已极为成熟，在便利店取发快件，顺便购买生活用品已成为人们的习惯。德国甚至设有专门的取货机，提供自行取件服务。

当然，并非只有顺丰看到了快递与零售行业结盟的商机，它的竞争对手们也进行了这方面的尝试。早在2002年，由深圳共速达推出的“万店通”品牌便利店就做了国内首次尝试，而中国邮政与美国地平线集团公司更是在2010年联手，放言要在全国打造1万个百全超市。但前者在便利网点密集的深圳发展得并不如意，后者则因为配送，进入豫、鲁、赣的“乡村之路”也颇为坎坷。

同样，在2008年建立了3000个社区、学校等合作网点的宅急送也有点力不从心。由于管理无法与其扩张速度同步，截至2012年，宅急送仅保留了不到300家类似网点，主要以学校、超市为主，网点也主要集中在武汉、西安等城市。

顺丰和7-11、8字连锁店的合作仍在继续，但8%的利润抽成、结算系统难以统一、服务纠纷等各类问题滋生，从未涉足零售业的王卫是否可以运筹帷幄？

另起炉灶，自营便利店

黑红的顺丰LOGO不仅伴着快递员的小车和制服走遍了全中国，更是相继在深圳、厦门、东莞扎根，开起了自己的便利店，顺丰甚至把触角伸到远在千里的北京。面对各方的质疑，王卫没有做任何回应。与7-11等合作的“挂靠式”便利店仍在继续，而自主经营的顺丰便利店也悄然走进各个城市。

在深圳下梅林金梅花园小区，就伫立着一家安静的顺丰便利店。在这片绿树成荫，几步即可看见一家便利店的小区，黑红的顺丰标志显得如此低调，居民们甚至都不知道它是何时开张营业的。若非收款员身上那套熟悉的顺丰制服，前来购物的居民绝不会将这家便利店与快递业大佬联系起来。

其实在2011年，顺丰就已经在深圳、厦门、东莞等国内城市开始了自己的“便利店旅程”。先是与7-11、百里汇等便利店合作，挂上自己的寄件招牌，并给予市民优惠，扩展自己的客户渠道；同时又悄悄试水自己的便利店，将触角伸向全国各大城市。

其实，上面提到的金梅花园小区顺丰便利店是顺丰在福田的第一家试验店，而像这样具有顺丰特色的便利店已在深圳开了20余家。便利店营业时间是早上8点到晚上10点。这种便利店在布局上分为两个部分：零售区与快递区。顺丰并没有抛弃自己的老本行，在零售区，顾客可以在“L”和“I”字形货架上找到一些洗发水、沐浴乳等日常用品和小零食，而在快递区，穿着顺丰标准制服的快递员正在忙碌地处理订单，辖区内的包裹也会陆续抵达便利店便于客户取件。便利店收银台上摆放着一台快件称重专用的电子秤，旁边有一大摞快件收订单据，顾客也可以自行上门寄件。

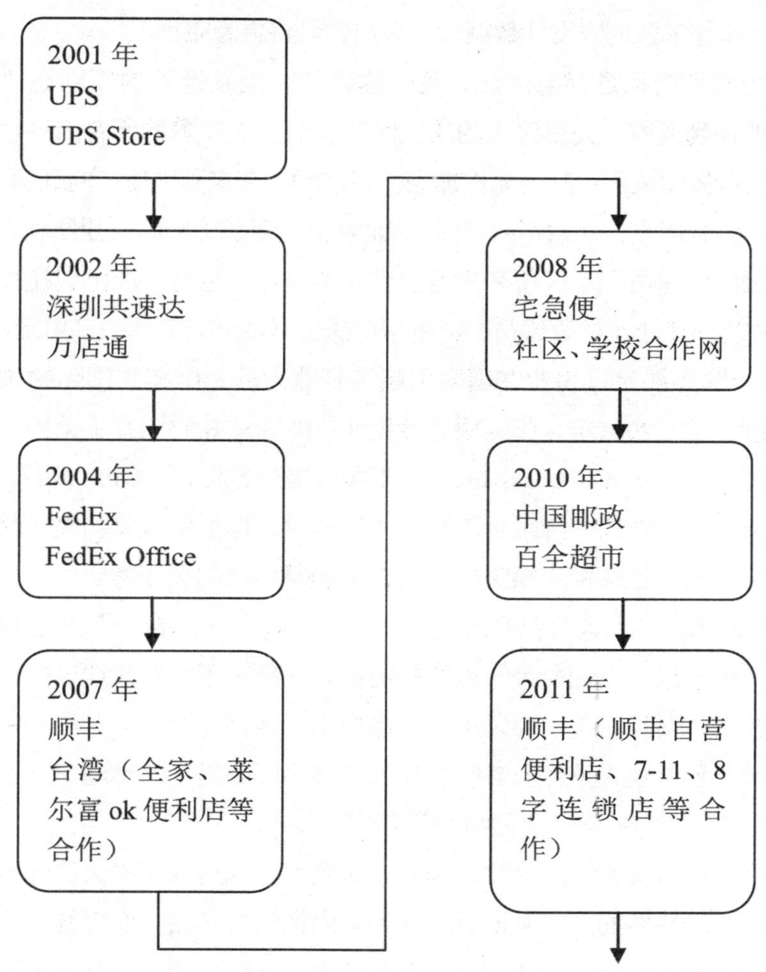

消费后，顾客会收到一张名片，介绍该便利店的一些业务：打印文件、扫描传真……还有颇具顺丰特色的自寄自取和满十元送货上门服务。此外，便利店还推行一种充值300元即可获得的“顺丰卡”。此卡可用于店内的商品购买和寄取件业务，消费的金额可以积分并享受一定的会员优惠。顺丰是便利店的直接投资方，同时也负责“顺丰卡”业务。通过一张会员卡将顾客的商品消费与快递寄送联系起来，打通“零售”与“快递”两个不相关的行业，相比以往单调的收发件数据库，客户资料将更为完善。

这些便利店都是另起炉灶，重新建设的，而且选址的原则是“人口密集，能覆盖到周围一公里以内的居民区”。对店内销售的所有商品也是统一管理，进行集团采购，且不允许加盟。目前顺丰在东莞注册了8家便利店，厦门的两家便利店也在2012年3月开张，北京也出现了顺丰的自营便利店。身穿顺丰制服的快递员们不仅帮客户运送着各类快件，也有可能出现在社区便利店中，充当一个小小的收银员，或者帮您送上从便利店订购的日用品。

顺丰跨界涉足零售业在国内引起了轩然大波，但其实国际的快递巨头已有先例。早在2001年，国际快递业巨头UPS通过并购拥有了世界上最大的特许经营公司——Mail Boxes Etc，并于2003年更名为The UPS Store，在继续经营之前的文档处理、打印复印等服务的同时，也提供包装和快递服务。同样，联邦快递为了掌握连锁服务终端，于2004年收购了金考公司，并更名为“FedEx Office”，其营业额超过20亿美元，在“三流合一”的进程上迈出了重要一步。但与它们财大气粗的并购不同，顺丰不动声色地进行着自己的便利店经营，而且业务主要以主业快递为主，零售业的收入只是一种成本补充。这样的经营模式是否能够解决物流“最后一公里”的难题，并且在获得更多盈利的同时带给居民更便捷的服务呢？

的确，顺丰有着自己的物流网络，对经营便利店有着先天的优势，快递员可以在运送快件的同时顺道运输便利店内销售的商品，而对物流网络的熟悉也便于顺丰便利店进行选址等方面的考虑。同时，便利店商品的营业收入也可以弥补收发站较高的租金等成本。那顺丰的自营便利店是否真能借上述的优势进军零售领域呢？

让我们先来算笔账：

据2011年的样本数据统计，一家便利店的人员工资占了企业成本的近四成；紧随其后的是占比25%的房租；设备折旧与房租不相上下；水电费的占比也超过了10%，而便利店的毛利率为19%。大部分便利店面积在50～200平方米之间，平均面积为112平方米，且有着“面积越大，盈利能力越强”的潜在规律。

目前顺丰自营便利店的面积普遍为30平方米，面积上并不具有优势。业务主要以“零售”和“快递”为主，便利店的很多客户均为社区居民，而居民很多只将其当作便利店，甚至有很多居民并不知道该便利店还可以收发快递。

同时，便利店行业也并不容易赢利，越来越多的便利店企业在主要城市布局的同时也在向二、三线城市渗透，而以7-11、全家等为代表的外资企业也在扩展其中华区的业务。很多便利店为谋求更高的营业额，引入了代充话费、售卖便当等便民服务。而精密的商品陈列、复杂的商品采购管理都可能难倒顺丰快递员。面对如此激烈的竞争，毫无便利店经营经验的王卫是否真能分得一杯羹？而且假设顺丰自营便利店发展良好，则必然对7-11、百里汇等便利店构成威胁，昔日的“联姻”有可能因此反目成仇，王卫又将如何自处？

出师不利，探索新模式受阻

下班后去便利店取快递，顺道买些日用品，是顺丰自营便利店带给客户的便利。但是北京通州区的顾客沮丧地发现，快递仍可上门自取，但顺丰便利店不再卖日用品了。低调的北京顺丰便利店悄悄地出现在社区，但也有部分店面悄无声息地从人们的生活中销声匿迹了。

北京市通州区新华联家园的顺丰自营便利店在经营了两个月后，又变成了顺丰的普通快递网点。人们仍然可以在这家店自行取寄件，但无法享受到购物满10元上门送货的服务了。店内空荡荡的货架提醒着大家，这家快递业巨头开的便利店已撤销零售业务，继续专注于快递业的发展。

顺丰便利店关门的消息甫出，各界的评论纷至沓来。不少业内人士认为，北京便利店的关闭是因为零售的情况不好，快递大佬把零售行业看得太简单了。在快递网点开设零售业务，所获得的额外收入虽然可以补贴租金等成本，但便利店要求较大的仓库以存储货物，而作为中转点，接手的多为包裹等快件，且流动性大，顺丰的现有仓库建立得较小，导致库存、物流等成本过高，零售业务呈现亏损状态。同样，零售业需要较大的现金流，顺丰虽然不缺钱，但也不会豪气到冒着高风险一掷千金。况且，便利店虽然可以解决女性的就业问题，但便利店从业人员的培训，对零售行业的试验都是不小的成本，而人们对这种方式并不适应，周围店的竞争都可能加重便利店的负担。因此，在零售业务亏损之前撤销便利店，专注自己的主业发展，的确是明智之举。

顺丰并没有回应种种质疑，只是陈述了一个事实：顺丰只是关闭了北京通州店的零售业务，快递业务仍在进行，而北京其他店并没有受此影响。深圳、东莞、厦门等地也并没有爆出便利店关闭的消息，可见这只是众多便利店中的个别现象。而这个店为什么会成为零售业务个例呢？

很显然，它的选址导致了零售业务的终止。仅新华联家园顺丰便利店所在的街道就有近十家超市或便利店，而一家华联超市就伫立于顺丰便利店200米外。如此激烈的竞争，再加上面积小与价格高的劣势，顾客不上门，取快件的顾客也只是单纯地取寄件，通州店自然难以生存。

从零售涉足快递的例子不少，顺丰的合作伙伴7-11在日本与大和运输宅急便达成协议，24小时受理货物；广州7-11则在2007年就与EMS合作，碍于排他性条约，目前顺丰合作的都是7-11直营店，且需提供8%的抽成。但从快递业进军零售业的不多，面对之前被炒得火热的“顺丰开店”一事，圆通、中通都表示暂时不涉足零售业，不会开设自己的便利店。

其实，顺丰涉足零售业也有其无奈之处。阿里巴巴扬言要砸1个亿收购物流公司以便更好地为电子商务服务；淘宝设立了“阿里小邮局”，便于学生取件；京东又建立了自提点和“地铁收发室”，电商中的物流市场逐渐缩水；而国内“四通一达”虎视眈眈，国际巨头FedEx与UPS自2009年《邮政法》公布后的“无照经营”结束，于2012年9月获批进入国内快递领域，且价格也低于顺丰和EMS。内忧外患，顺丰的处境并不见得如其营业额一般风光。

虽然与便利店的“联姻”被大家看好，但利润抽成也是沉重的负担。与台湾地区有所不同，国内许多便利店采用加盟制，顺丰不得不和一家一家的加盟店沟通，谈判复杂，手续繁琐，成本花费也大，索性就试试自己经营。

虽然北京通州店的零售业务关闭了，但这并非是对所有顺丰自营便利店的否定。顺丰的大部分自营便利店仍在继续服务，而其与7-11等便利店的“联姻”也没有破裂。此次的大胆尝试对于物流行业“最后一公里”难题的解决有着重要的意义。

目前我国快递行业处于低级阶段，业务形式单一，管理方式落后，“最后一公里”颇受顾客诟病。而顺丰的尝试则打开了一扇新的大门：快递行业不仅是快件的传输，也可以进行多样化的终端掌控，不一定是零售业，可以从市场空白处入手，重新布置中转点，从而实现多样化经营，实现资源优化配置。同样，开设自营便利店或者与便利店“联姻”都是一种亲民的途径，便于加强品牌知名度，为顾客提供更好更贴心的服务，可谓“一箭三雕”。

虽然之前提到的邮政、共速达等与便利店的结盟之路并不顺利，但各大快递巨头仍在不断试水。顺丰与7-11等的合作似乎没有负面报道，而“四通一达”的大本营——浙江似乎也在悄悄兴起快递与便利店的联姻，温州当家人便利店可以办理EMS特快专递，而杭州也出现了与申通、圆通非正式合作的便利店；成都的舞东风超市与圆通的合作更是由成都商务局和物流办一手促成，同时WOWO便利店与顺丰的合作也在悄然展开。

“最后一公里”的难题还没有最后答案。

“快时尚”试验田

除了壮大顺丰的空中队伍，融资后的王卫新动作不断。2013年9月，顺丰在广东省东莞市尝试用无人机送快递，虽说高成本和国家政策约束是眼前很难跨越的一道沟壑，但并没妨碍顺丰成为人们关注的焦点。此路暂时不通，人们正等着看王卫如何收拾残局，令人意想不到的是，半个月后，他又猛出一拳，跨境寄送和海淘二合一的SFbuy上线。

虽然和国际4大快递公司相比，SFbuy的邮费要低很多，但和国内别的海淘转运公司相比，顺丰还是两倍于它们的价格。这让人不禁怀疑，既然国内有不少海淘转运公司，价格上也占优势，顺丰此举目的何在?

网购的火爆让消费者足不出户就能买到各个城市的商品，当刚开始的新鲜感被习以为常代替时，新的需求又出现了，这就是海外购物，而这又给一些公司带来了商机。但是，国内的海淘都是经过转运或者承运的方式进行的，从供货商到顾客之间有很多环节，所以时间和安全都得不到保证。有问题的地方就有创新的点，为何不做一家供货商与顾客间直接供货的网站呢?顺丰之所以在国内比其他快递公司做得好，优势就在于速度和快件的安全性，那为什么不能将这方面的优势作为与海淘中转公司抗衡的竞争力呢?

国内还没有成熟的供货端对客户端的海淘网站，王卫又成了第一个吃螃蟹的人，他也只能摸着石头过河。虽说网站一上线第二天就火爆异常，但王卫还是将购买人群限定在顺丰内部员工和他们的亲朋好友，购买市场限定在美国。点开SFbuy的官网，有这样一行字“现阶段只在顺丰内部开展，我们会在适当的时候向大家开放”。险中求稳，这就是王卫一贯的做法。

只做别人不做的事情就是一种创新。“联邦快递之父”弗雷德·史密斯被经济学家誉为“创造了一个新行业的人”。弗雷德·史密斯在总结他的成功时说：“成功的创业者首先必须有一个引人注目的、伟大的商业创意，这个创意必须伟大独特得足以将你和其他普通众生区分开，因为除非你的产品和服务是前所未有的，否则你个人以及你公司的利润都将很难出类拔萃。”他引用一句古罗马谚语“永远不要去做别人已经做过的事情”来概括上面的话，并进一步解释说：“尤其是在现代商业社会，你必须是第一个发明者，或者必须是最快的发展者，或者是最高附加值的提供者。”

当人们还在茶余饭后称赞王卫在海淘上的创意时，顺丰服装供应链解决方案正式启动，“快时尚”成为他的第一块试验田。服装行业的特点在于生产规模大、批量小、款式多、受季节的影响大。经营好服装行业的重要一点是提高周转的速度，减少库存数量，这也就是物流环节。

王卫提出的供应链解决方案是：第一、保持顺丰的系统与服装企业的后台系统无缝对接，也就是在第一时间共享库存数据；第二、顺丰的自有系统能够网罗物流环节中库存、退货、查询订单、配送和结算等所有部分的详细情况，保证各环节之间信息畅通；第三、顺丰的仓库管理系统一方面能够管控旗下所有仓库的情况，第一时间调拨货物，另一方面能在最快时间内根据不同门店的拣货标准出货。

同样的原理，王卫在同一时间启动了手机一站式供应链解决方法。顺丰快递转向综合物流管理是否能够成功暂时还没有定论，但能够确定的是，这必将是未来快递业发展的新趋势。引领行业的未来，这是王卫创业之初就一直在做的事情。

虽然如今发展势头良好，但这并不意味着顺丰没有失败过。王卫转战电子商务，一度面临溃败的局面，旗下的“顺丰优选”销量也不及预期。虽然创新的同时会承担很大的风险，但王卫认为这种冒险是值得的。因为失败的冒险可以为公司积累许多经验教训，在这些经验教训的指导下，冒险成功的系数就会增大，依靠冒险成功所获得的收益要远远大于冒险失败所带来的损失。

王卫身边的人都知道，他一段时间没新点子就会很紧张，“世界属于不满足的人们”，许多创新就是因为不满足现状，通过仔细观察和耐心总结而来的。

1.开放心胸，放开眼量，经常注意周遭的环境，每年一次基层“微服私访”，随时观察公司出现的新情况和新问题。

2.敢于质疑、检视所有可能的方案，不要因为别人“不可能”、“幼稚”、“没有人成功过”或“从没听说过”的言论而轻易放弃自己的想法。

3.培养危机意识。比尔·盖茨反复向员工强调：“微软离破产永远只有18个月。”

4.抽出各个解决问题方案的精华，予以分类整理，再重新组合，看看彼此的关系如何，能否衍生出新的观点。王卫最近的做法就是将快递速运与电子、服装相组合，形成供应链。

入夜，顺丰航空的飞机停靠在机场，在经过短暂的修整和装卸之后，它们又会在黑暗中展开翅膀，背负着使命，朝着各个不同的地方飞去。

“嘿客”，O2O营销平台的大胆试水之作

2014年5月，顺丰的“嘿客”便利店全国启动，计划2014年全年要铺开3000多家便利店。“嘿客”是继顺丰2011年试水便利店模式受阻之后，整军重发，再次推出的新一代便利店，是顺丰试水线上线下跨界结合的大胆举措。

顺丰“嘿客”不仅提供了商品配送、话费充值、水电缴费等服务，还可以让消费者直接到店体验实物、线上购买，试图打造网购O2O体验。虽然顺丰这种以物流切入零售终端的O2O模式较为新颖，但“嘿客”却处在介于传统便利店与纯粹电商之间一个比较尴尬的位置，自身定位有待进一步明晰。在业界对“嘿客”的大为看好与鼓舞欢欣的同时，舆论对其未来发展的质疑也不绝于耳。

那么，顺丰“嘿客”未来发展的机遇与风险又在哪里呢？

目前，国内零售行业的O2O模式主要分为三种形式：第一种以天虹商场、银泰为代表的通过微信、微店、电商多种渠道引导消费的O2O；第二种为万达的会员化管理模式，把O2O的运用服务到所有的会员，做放大的会员管理；第三种称为反向O2O，京东、天猫等电商企业向线下实体渠道延伸。而顺丰“嘿客”可以称为第四种O2O模式，是一种便利店模式的O2O。顺丰相关负责人曾表示，“嘿客”背后是顺丰“物流链接生活”的构想。对合作伙伴而言，“嘿客”能够为其提供实物展示、预售、特殊物流等服务；而对消费者而言，“嘿客”能够为其网购提供线下的实际体验、线上购买和配送等服务。通过实体便利店，顺丰与消费者的接触点会越来越多，其关系也会更加紧密。因此，我们可以说顺丰“重体验零库存”的O2O模式是创新的。

然而，在O2O的大概念下，“嘿客”O2O的客户定位与实际体验过程都是优势与危机并存。

从客户定位来看，“嘿客”更多的是面向社区居民，包括已经退休的人群。这些人的消费更多的是趋向于柴米油盐酱醋茶的基本生活用品，讲究实惠合用，同时他们大多数对于新型电子设备使用较少，并不存在扫码购物的消费观念。于是，社区的年轻消费者们就成了“嘿客”的主力客户群。然而对于年轻的消费者来说，他们完全可以在淘宝、天猫、京东等线上资源丰富的电商平台上购物，然后选择顺丰送货，将商品直接寄到家里，不一定需要经由便利店。

从用户的体验来看，“嘿客”店内目前并未摆放实体商品，只提供了一些iPad终端购物机，以及各种二维码海报展示，而零食、饮料等物品均未出现。也就是说，消费者的实际体验感并不是十分强烈，不足以促使其做下购买决定。于是，“看新奇者多，掏腰包者少”的现状也就难以避免。须知，实体店推广与单纯的线上推广是不同的概念，更多需要的是地推模式，也就是利用消费者的亲身体验建立口碑，这对于没有线下经验的顺丰来说，难度很大。

同时，店址的选取也是花费巨大，如果没有稳定的客流就盲目扩张，会面临很大的风险。

所以，对于顺丰“嘿客”来说，“如何提升体验式消费吸引力，将社区用户引到线上？”是目前需要解决的首要问题。

第三代，顺丰O2O在成长

有知情人士透露，顺丰正在酝酿第三代线下连锁店，定位为社区生活服务平台，以O2O模式，力求未来落地三万家。乍一听，这样的布局有些似曾相识。是的，此前顺丰瞄准CBD商圈和生活社区，推出名为“嘿店”的第二代线下连锁便利店，其目标数量也是三万家。

那么，第二代顺丰店与第三代顺丰店又有何异同呢？

首先，先讨论一下他们的相似点：

第一、第三代顺丰店仍为顺丰全权独立直营的便利店；

第二、第三代顺丰店与“嘿客”的目标市场都主打CBD商圈和生活社区；

第三、服务内容仍是以物流、广告展示、虚拟销售、预售、试衣间等多种服务为主；

第四、店面风格基调保持一致，保证消费者的熟悉感与认同感。

尽管第三代顺丰店可以说是顺丰便利店和顺丰“嘿店”的延伸，但其升级创新之处也正好说明了顺丰O2O的成长：

店面形象的升级：在室内结构和装潢方面仍是以黑红两色为主色调，但风格更加简约、现代化。

功能的升级：更加注重客户体验，除了商品展示功能外，增设了更多的体验场所，如数码、电玩产品的互动专区，顾客在顺丰店里甚至可以打游戏。同时，还设计有品牌广告与促销信息展示功能，体现出了营收方式多样化的意图。

营销模式的升级：营销模式更加多元化，除了原有的PC端展示营销之外，推出了商品墙和二维码墙，用户可在该场景下直接使用移动终端完成扫描，并获得相关产品信息，从而以更优的空间呈现更多商品的陈列。

金融的升级：设有支付场所，包括店内消费、网络支付、手机充值、水电缴费等均可在店内实现。

快递业与便利店的合作，在国外有不少典型，FedEx、UPS、DHL都是通过收购社区门店实现到社区的布局。对于快递企业来说，与便利店合作的优势一方面能够帮助快递企业增加到社区的“触角”，增加快递单量，另一方面能够通过快递的存放减少快递时间原因造成的重复配送，提升配送效率。不过，与国外不同的是，中国的便利店企业相对分散，这就给顺丰的收购和合作造成了极大的困难。无论如何，对顺丰来说，从第一代顺丰便利店到“嘿店”，再到第三代便利店，顺丰的O2O社区服务平台都有所突破。这便是一件值得令人欣喜的事。

【延伸阅读】

要打破被动局面，我们需要从以下方面着手：

（1）战略澄清。澄清谁是我们的客户、谁是我们的竞争对手，我们擅长做什么；哪些是我们可以把握的市场机会、哪些市场份额是应该获取和能够获取的；怎样去获取这些机会和份额。这些战略层面的问题在公司内部认知模糊，直接导致创新中的畏首畏尾。

（2）决策程序。目前的产品设计工作方法亟须改变，产品设计应符合或引领客户的需求，必须经过严谨的商业逻辑论证。每一个产品的策划至少先回答3个问题：目标客户是谁（以确定市场容量和销售对象）、竞争对手是谁（以检视竞争优势和制定营销策略）、自己能力如何（以设计营运模式并确定盈亏平衡点）。

（3）组织分工。职能、经营职责分工调整，使我们增加接触客户的机会，具备更专注面对市场、服务客户的能力；需求管理机制的建立，为经营中的创新需求提供便捷通道。请大家进一步理解和善用这两点。

——节选自2012年9月6日王卫《关于顺丰目前面临主要经营问题的几点意见》

Part 12

电商关：事业群须随势繁衍

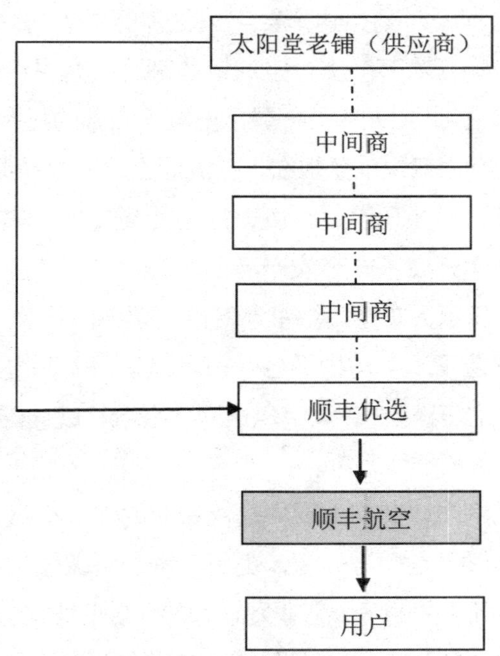

我们不追求行业排名，也不求一定要做到多大，而是希望我们的人和经营行为都能被社会信赖和尊重。

——王　卫

逆流而上，延伸产业链

2013年11月12日零点，“天猫”数据直播室的大屏幕定格在“350亿”。就在去年的同一时刻，这个数字只是停留在“191亿”。这就是说，2013年“双十一购物狂欢节”支付宝的销售额达到九月份全国零售总额的一半，同比增长83%。如此惊人的数据显示出电子商务的巨大发展潜力，对于一直身在其中的快递行业来说难免眼红，逆流而上涉入电商似乎势在必行。

事实上，早在几年前，快递行业就刮起了一阵阵“送而优则商”的跨界风。圆通快递开设了一个农产品销售网站——“新农网”；申通推出“久久票务网”，从事火车票、汽车票等网上票务的代购与配送；中国邮政和TOM集团联合打造了一个购物平台——“邮乐网”，主打服饰、鞋帽、家电等产品的销售；宅急送推出E购宅急送网上平台；就连国际快递巨头联邦快递也推出了电子设备的维修服务。

如果说将产业链向上延伸是快递业的发展潮流，那么，对于王卫而言，涉足电商不仅仅是顺势而为，更是一种未雨绸缪的危机意识使然。王卫心里不糊涂，在顺丰6000多个营业网点和200亿销售额的繁华背后其实暗潮汹涌。

2008~2012年之间，我国国内生产总值从30万亿元增加到52万亿元，涨幅约为70%，而M1货币量从16.6万亿元增加到30.9万亿元，涨幅为86%。可见，现实的支付手段和购买力在不断下降。这进一步造成了地价、物价、油价、人力成本等的大幅上涨。对于“劳动密集型”的顺丰速运而言，70%以上的成本构成源于地租、人员成本、油费等。顺丰的网点覆盖了全国300多个大中城市和1900多个县级市或县区．集散中心和中转站的用地量是相当大的，运输货物所需的汽油量也是非常多的，地价、油价的微小增长就会造成总成本的巨幅提升。举个例子而言，如果顺丰员工的平均月薪是4000元，按照15万的总人数来计算，工资上涨10%，那么顺丰的整体人力成本就要增加6000万。由此可见，宏观经济的变化将对顺丰的运营造成巨大的负担。

而运营成本的增加、利润率的下降又会加剧快递行业内部的竞争，顺丰的生存空间也会受到一定程度的挤压。快递界的同行加紧步伐，逼近顺丰的中高端市场。“四通一达”（申通、圆通、中通、汇通、韵达）正积极备战航空货运，试图追上顺丰时速，抢夺市场份额。此外，像联邦快递、UPS这样的国际巨头也在暗中窥视，伺机而动，随时准备凶猛杀入。

与此同时，“四通一达’几乎分食了淘宝的业务量，大多数淘宝客户对于价格比较敏感，对时效性本身的要求不高，更重要的是他们已经同“四通一达”形成了稳定的合作习惯。所以，这样看来顺丰的优势似乎没有用武之地。若想拓展淘宝市场，必然也是困难重重。

国内60%的快递源自淘宝，剩下的主要来自各大电子商务网站。为了吸引更多的流量，电商巨头之间的价格战愈演愈烈，各种包邮的活动五花八门、层出不穷。然而，让利于消费者是需要付出代价的。这种代价一部分转嫁到商品价格上，另一部分则由快递行业来承担。这就难免会降低顺丰在电商快件上的利润。此外，现有的研究表明，电商自建物流体系所需的配送成本比第三方配送至少低25%。因此，京东、苏宁、1号店纷纷着手构建自身的物流体系。曾经的客户即将变成未来的竞争对手，这一方面减少了顺丰的业务量，另一方面又增加了潜在的威胁。

环顾顺丰，十面埋伏。想要杀出重围，顺丰就不得不拓展新的发展空间，创造更多的收入来源。不管是“形势所逼”还是“蓄谋已久”，逆流而上涉足电商似乎是王卫的唯一选择。

“触电”：连遭打击

2012年6月1日，“顺丰优选”上线，王卫正式“触电”。然而这个在电商领域不足两岁的婴幼儿有着不为人知的前世今生。谁也不会想到，顺丰的电子商务之路源自偶然一次的“粽子”经历。

2009年端午期间，顺丰速运嘉兴分区的快递员按部就班地将快件送往所分管的区域。不同以往的是，客户签收之后他们并没有立刻撤退，而是趁机向客户推销远近闻名的“五芳斋粽子”。此时正是端午佳节，粽子必然是每家每户的必备之物。对于客户来说，粽子已然自动送上门，何乐而不买呢？这个小小的尝试帮助五芳斋卖掉100多万元的粽子，当然也给顺丰带来了一笔意外之财。

“粽子”经历让顺丰尝到了甜头，也带来了新的启发。以后，每逢过年过节的时候，顺丰便会采用相同的手法操作。比如，中秋节推销月饼、春节推销年货等。快递员的角色迅速从单纯的“运输工”转变成积极的“销售代表”。对顺丰来说，这样的尝试并不存在太大的风险。凭着天然的配送优势和品牌口碑，顺丰在节日礼品方面的推销取得了相当不错的成绩，并且屡试不爽。

王卫的远见并不止于此，除了卖粽子、卖月饼、卖年货，顺丰一定可以卖更多的产品。依托着节日礼品的成功经验，2010年8月顺丰打造了健康生活购物网站——“E商圈”，旗下产品包括数码、母婴用品和地方特产和商务礼品等。除了将“粽子”模式移植到网上零售之外，顺丰同时启动O2O模式，为客户提供便利店自提自取服务。

当时王卫对于“E商圈”的面世也是信心满满，他在2010年12月的一次记者访问中说：“2010年顺丰的整个精力都放在航空公司上面了。从筹建、试运行到真正运行、治理，它与快递是两个完全不同的概念。2011年我们会侧重发展电子商务。首先是要加深对电子商务的理解，如果不理解这个行业，出现断层的话，就很难有一个好的开始。开头没做好，那接下来不管你做什么，都是对错误的不断放大。所以我们前期一直在对资源进行有效整合。

“其实一个快递公司进入跨行业发展领域之后，就意味着上了一个台阶。我认为一个快递企业的发展有两个阶段，一个是跨行业发展，一个是跨国家发展。如果能做到这两点的话，那就意味着它已经开始进入国际公司的门槛。如果这两方面做不好，走出去会有很大的风险。”

这样美好的开始理应有一个完美的结局，然而世事难料，不到一年，“E商圈”慢慢淡出公众视线，几乎销声匿迹。如今，已被内地人遗忘的“E商圈”将战线转至香港九龙、新界等区域，主要销售有机蔬菜和食品。究其原因，除了“E商圈”本身运作上的不成熟，或许还与顺丰的“心态”有关，王卫把网上零售看得过于简单了。“粽子”模式被顺丰寄予厚望，殊不知，这样的经验难以大量复制在网上零售产品之上。“粽子”模式的成功要素归结于“节日性需求”、“包邮”、“支付便捷”。但是，并不是终端配送优势和快递员的推销能力就能成就“E商圈”。

就拿母婴产品而言，相比品种更齐全、价格更优惠的综合超市，客户没有理由仅仅因为配送速度就选择顺丰的产品。更何况，客户早就形成了稳定的网上购物习惯，不会轻易改变购物平台。这就使得“E商圈”在淘宝或者1号店面前毫无招架之力。再拿商务礼品来说，顺丰不仅仅要和成千上万的礼品公司抢夺生意，更要适应这个极具中国特色的礼品市场。而我国的礼品市场除去杂乱分散的特点之外，还涉及各种关系链、信用问题。这是“E商圈”的现状所难以满足的。

尽管“E商圈”出师不利，但王卫并不想就此打住，2011年年底，顺丰速运通过王卫控股的公司取得第三方支付牌照——顺丰宝。这似乎是为顺丰的下一次“触电”铺路。果然，3个月后，顺丰推出了高端电子商务平台——

“尊礼会”。

在业界人士看来，这是“E商圈”的强化版。同顺丰的快件定位一样，“尊礼会”的受众主要集中在中高端商务人士。它提供的产品主要以工艺摆件、保健品、茶烟酒、非物质文化遗产等高端礼品为主，用户可以采用网银、网点积分和顺丰宝3种方式支付货款。然而，“尊礼会”同它的前身的命运一样，早早夭折了。据说，“尊礼会”目前的状态是“还在测试中”。事实上，高端礼品的目标用户无非是3种人：财大气粗的有钱人、收藏爱好者和腐败消费人群。而这3类人去网络平台上消费的概率少之又少，“尊礼会”的失败也是意料之中的。

从“E商圈”到“尊礼会”，顺丰遵循的均是“粽子”路线，即从礼品市场入手，利用配送优势和线上线下模式强化竞争力。然而，这两个项目最后可以说都是无疾而终。虽然顺丰在快递行业是绝对的霸主，但在电商领域遭受了连续的打击。

顺丰优选，一种坎坷

即使优选的前世颠簸，王卫对电商的热情依旧不减。他曾经对顺丰的内部员工如是说：“顺丰优选是一个不能失败的项目。”且不说最终的优选是否能创造下一个淘宝奇迹，但可以肯定的是，优选的今生也是一路坎坷。

优选的全称是“全球美食优选网购商城”，还未出生就贴上了“小众”、“精品”的顺丰标志。虽说打着“美食”的口号，但旗下产品大多与美食无关，网站上罗列的大量厨卫用具实在和美食相去甚远。虽然标榜着“进口食品”，但其所占比例已然下降，价格也渐渐走向大众化。这样“心口不一”的行径确实可疑，而且让人堪忧。

事实上，含着金汤匙出生的优选在上线初期的运营情况并不理想，没有取得预期的成绩。而其他快递同行的电商之路也是磕磕碰碰。除了中国邮政与TOM集团联合打造的“邮乐网”运营良好之外，E购宅急送、申通的“爱买超网”、中铁快运商城等的运营情况都不太理想。

向来危机意识过人的王卫，对于优选似乎早有规划，从2012年10月的换帅风波中可以察觉出一些端倪。优选前CEO刘淼在任不到6个月就退位了，他曾坦言：“凭借顺丰的品牌，成绩至少不是现在的样子。”接任优选的重任落在了顺丰集团副总裁李东起肩上。李东起身兼数职，接任优选CEO后仍继续担任顺丰航空总裁。这样看来，顺丰似乎有意为融合物流和商流做准备。

换帅之后的优选有所起色，3周内网站流量涨幅接近100%，相比之下，其他同类网站的流量下滑30%左右。然而，优选离成功还有很大的距离。因为电子商务不是网络直销，流量多，并不代表卖出的产品多；卖出的产品多，并不代表电商企业就能赢利。

就拿进口葡萄酒来说，首先要解决的是信用问题，也就是说要保证所卖的酒是真品，还有就是低温储存问题。但是纵观全国，很少有酒水类电商搭建了低温酒窖。而解决这个问题，无疑要在全网构建物流基础设施。这不仅意味着高额的运营成本，更重要的是还会损失部分用户，因为有些用户并不愿意承担物流增值服务所造成的溢价。举个例子来说，如果优选对葡萄酒的策略是满99元包邮，但搭建物流之后改变支付政策，即只有120元的葡萄酒才能包邮。那么，客户很有可能转向1号店、淘宝或者酒仙网等其他竞争对手。在这些方面，顺丰优选考虑得并不周全，如果不能妥善解决，很可能造成“投了1000万却只卖出10万产品”的下场。

此外，对于电商企业而言，客户数据至关重要，虽然称不上顶级机密，但会格外保护。而顺丰速运承担了部分电商的快递业务，相应地必然会掌握客户的一些个人信息和消费情况。这无疑会让其他电商企业格外警惕，减少顺丰速运的快递量。在优选扩展版图，抢夺市场的时候，顺丰速运的快递量可能会受到影响。所以，从全局上看，平衡顺丰速运和优选也是一个问题。

虽然问题重重，但是优选也不失转机。一方面，顺丰在人力资源管理方面做得还是比较优秀的，这对建立良好的优选信用链是一种支撑。另一方面，顺丰可以同有经验的电商巨头强强联合，比如说可以同京东商城加强合作，互相利用各自的物流体系进一步完善供应链。

跨界冷链，意图何在

著名作家乔希·贝诺夫说过：“企业发展要认清自己的长处，你的优点决定了下一步的发展方向，如果你的特长是与客户有良好的关系和互动，那么下一步的重点应该是还可以为客户提供什么服务，以扩大经营范围。”对于顺丰而言，“优选”只是锦上添花，“物流”才是制胜宝典。王卫深谙此理，跨界只是手段，顺丰要做的是国内最大最强的物流企业。这样看来，他对电商锲而不舍的追求背后隐现出一个更加明晰、更加合情合理的解释：顺丰涉足电商的真实意图是积累终端经验，布局冷链市场。

“从优选出发建立在仓储和配送末端的经验，未来也可能成为集团新的增长点之一。”顺丰优选CEO李东起的这番话似乎从侧面证实了王卫试图借道优选积累生鲜冷链经验。除了进口食品，优选还有一个关键词：生鲜食品。所谓生鲜食品，主要是指新鲜蔬菜、水果、海鲜、肉禽类等特殊的产品。相较于其他产品而言，它们在常温下很容易腐坏或变质，在运输过程中需要冷藏或者冷冻处理。而提供新鲜、安全、健康的生鲜食品，要求的是冷链物流。

冷链宅配业务是快递业新的利润增长点。从目前来看，我国的冷链市场算是空白，专业化的冷链宅配公司少之又少，这就给了像顺丰一样的第三方快递企业有利可图的机会。事实上，这块市场的潜力不容小觑。专业研究数据表明，2012年我国的冷链宅配市场业务总量接近 2000 万件，销售额超过5亿元，增长速度超过100%。冷链宅配可谓一片蓝海，市场前景广阔，孕育着巨大的商机。王卫正是洞悉了其中的商机，才着手率先切入这片空白市场。

被业界誉为物流领域“珠穆朗玛峰”的冷链配送是一个复杂庞大的系统工程。除了运作成本高、风险大之外，食品的时效性与易腐性决定了冷链的连贯性、协调性至关重要。一条完整的冷链构成如下图所示：

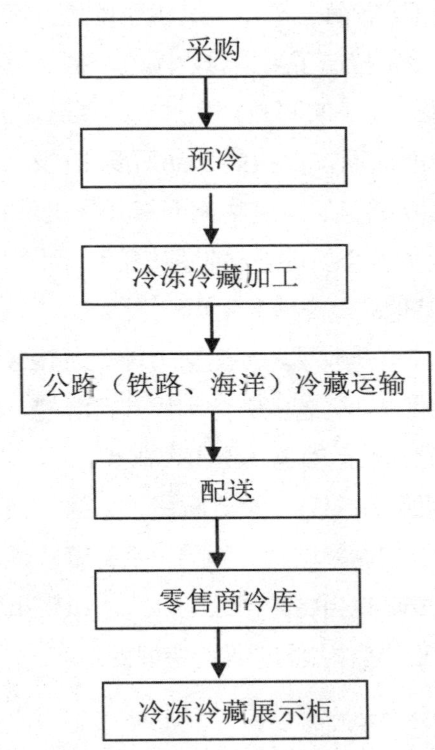

冷链中涉及的采购、冷藏运输、配送等各个环节都必须控制在低温环境下和产品保鲜期内。冷链的连贯性是其区别于一般物流的显著特征，任何一个环节出现差错，都会直接影响到用户体验。比如说，一旦没有控制好温度，超出生鲜所能承受的范围，那么产品的质量就会大打折扣。对于追求生活品质的目标客户群来说，吃到变质的食品显然不会好受。更何况，如今食品安全事故频频爆发，消费者对于生鲜食品的信任感本来就不高。

或许源于物流的先天基因，顺丰在冷链环节做得相当不错。顺丰优选已经在华南和华东地区设立了低温仓储库，负责配送生鲜食品，覆盖城市已达到11个。对于优选引发的“生鲜热”，电商巨头自然不会冷眼旁观。由于生鲜的刚性需求以及各种利好政策，各大电商相继部署生鲜业务。亚马逊的食品分类栏目中新增了“海鲜”一项，其供应商是一家资深的海鲜配送公司“鲜码头”。随后，淘宝打造了生态农业频道，提供蔬菜水果、肉禽蛋类等有机农产品。不久之后，京东商城推出生鲜食品频道，主打产品是西红柿。

然而，对于各大电商而言，生鲜食品所要求的冷链运输显然是一块短板，而在短时间内建立完善的冷链物流网络几乎是不可能的事情。如此一来，这又给顺丰提供了一个新的业务发展空间。利用优选所积累的温控经验，顺丰速运可以为其他的电商提供生鲜配送服务。

另一方面，国家渐渐开放了药品运输市场。显然这块市场的潜力无穷，价值更是难以估计。顺丰速运若能充分利用其在温控、冷藏、安全、卫生上的经验，那么涉足保健药品运输也不是什么难事。

整体来说，冷链物流依然处于摸索阶段，人才、技术、基础设施相对匮乏。企业在面对未知的空白领域时，如果只是抱着“试水”的心态，缺乏明晰的战略目标，那么成功也会将其拒之门外。所以，虽然进入一个空白市场的时机很重要，但是管理者依然需要保持审慎的态度。

优选逆袭，缩短供应链

对于王卫而言，冷链物流具有重要的战略地位。对于优选而言，冷链物流主要支撑的是生鲜食品的配送工作。作为一个电子商务网站，优选需要的不仅仅是配送，其本质还是零售，而零售的核心是供应链的管理。这样看来，减少供应链的中间环节不失为优选逆袭的路径之一。事实上，优选采取的策略是：利用顺丰的全球网络优势直采直供，从而缩短供应链。这样一来，一方面可以降低物流成本，增加利润空间，另一方面也保证了产品的新鲜与优质。

进口食品，上线后不久，顺丰就拿到了国内进出口商品直采商的资质。此后，优选在全球范围内积极寻找优秀的进出口贸易合作伙伴，并加紧建立采购渠道，开展国内外直采业务。太阳堂老铺的台湾凤梨酥是优选的第一单直采商品。

在台湾区块的顺丰团队协助下，优选直接与太阳堂老铺取得联系，进行采购，从而省去了中间商和代理商的流通环节，为用户提供性价比更高的直采产品。就拿一盒12粒装的台湾凤梨酥来说，它在台湾的售价为58元（折合成人民币），经过一周的时间成功抵达顺丰的仓库，最后上线优选的价格为109元。这款产品在大陆称得上仅此一家，而同类产品差不多处于160元左右的价位。显然，优选供应的台湾凤梨酥是极具竞争力的。

随后，优选进行了点心、饮料酒水、时令水果和农副产品等品类的直采。与台湾凤梨酥的模式类似，借助顺丰速运在全国的物流网络，优选和国内各个地方的厂家和产地直接合作，最后借助顺丰超强的配送能力送到用户手中。举个例子来说，优选收到用户的荔枝订单后，立刻组织团队去农场挑选、采摘、包装、封箱，然后通过顺丰航空的运输，在1至2天内便能送到用户手中。这种做法使得优选以最快的速度将最新鲜的荔枝交付给消费者。具体的直采模式如下图所示：

目前，优选在台湾成立了几十人的采购团队，负责选择商品和销售地。未来，顺丰将在香港、澳门、新加坡、日本、美国等地的物流点设立专门的采购部门，并派驻专业人员负责海外直采业务。

现今，优选的产品品类从最初的5000种增至上万种，用户的月度增长率十分稳定，保持在50%左右。同时，顺丰的品牌也得到越来越多用户的认可。虽然优选在电商领域只是个新生儿，但在未来，它很可能成为顺丰一个极具潜力的利润增长点。

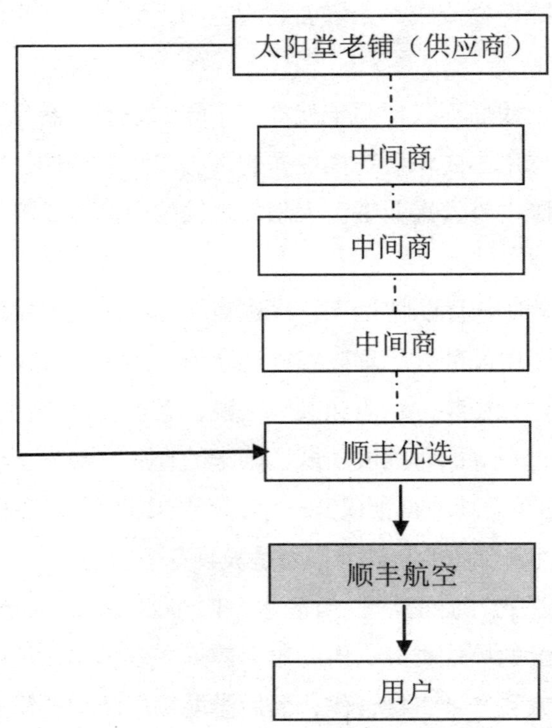

FLUX WMS，向电商供应链进军

2014年5月，顺丰官网改版上线，官网首页上“电商企业服务”专栏的出现宣示着“电商供应链服务”正式纳入顺丰业务版图，这是顺丰准备已久才做出的决策。

供应链是由供应商、制造商、仓库、配送中心和渠道商等构成的物流网络。在供应链各成员单位间流动的原材料、在制品库存和产成品等就构成了供应链上的货物流。电子商务的发展为供应链带来了颠覆性的改变，在电子商务的环境下信息已经取代了产品，成为了供应链管理的核心，信息共享与数据挖掘是企业间实现协同运作的关键所在。这里的信息共享既包括了企业内部的信息共享，也包括了与关联企业和最终用户之间的信息共享；而数据挖掘则是指通过分析历史消费数据，商家能够确切地把握具体消费者的偏好，做到精准营销。毫不夸张地说，零售端的数据分析能力将决定未来商家的竞争力。

对于顺丰来说，进军电商供应链服务领域，除了专业的管理人才、管理经验的积累之外，选择合适的信息系统，掌握信息协同的要领是必备条件之一。因此，2013年顺丰与FLUX合作，应用FLUX WMS的解决方案，使宁波和杭州的两家服装客户成功参与双十一电商大促活动，此次的成功试水让顺丰坚定了进军电商供应链服务领域的决心。

然而，只有信息系统仍不足以解决所有问题，还需要专门的实际载体，虚实结合，供应链的高速响应才能落到实处。在这方面，顺丰的基础设施优势的支撑作用也就体现出来了。据了解，顺丰目前建有1个电商产业园、6个大型分拨中心、56个仓库、500多家顺丰“嘿客”便利店、2000多个自建的营业网点与年底目标4000家的第三代顺丰店，可以为电商供应链的全线流通提供强有力的支撑。其中，电商产业园与分拨中心作为顺丰供应链系统的神经中枢，通过与仓储、零售端、配送端的信息协同既可以实现物流链的高效运转，也可以保证物流数据信息的全面性与精确性。

同时由于电商供应链网络的自组织性与多层次性，仓配一体化已成为电商关注的焦点，因此，就顺丰而言，将仓库作为次级中枢，提升供应链网络服务的灵活性也是极为必要的。这也是为什么2014年4月到8月，顺丰与FLUX合作，先后分批将自身的仓储设施上线，完成仓储系统优化与标准化的原因。

即便如此，顺丰要在电商供应链服务领域继续开疆拓土仍面临着一些无法避免的挑战：

一是供应链物流体系的标准化问题。尽管我国已经建立供应链中物流标识标准体系，但这些标准的应用推广仍存在着严重的问题，而且整个供应链的标准还没有统一起来。

二是供应链信息的安全问题。信息安全问题一直以来是制约电子商务发展的主要因素。目前我国在信息安全方面的法律法规、基础设施和保护措施、技术研究等都还相对薄弱，致使开展电子商务环境下的各种贸易活动的可靠性和安全性受到质疑。

三是不同行业电商供应链服务需求的多样化问题。不同行业的产品供应链管理对时效、精确度、质检标准、物流硬件设施要求都存在其一定的特殊性和差异性，因此，不同行业电商供应链服务需求具有较高的复杂性，要全面完善服务系统难度较大。

尽管如此，从顺丰的国际化、综合化物流服务商战略发展定位来看，顺丰进军电商供应链服务领域的选择还是极具战略价值的。因为，UPS、DHL、FedEx等国际快递巨头都是走从快递配送向供应链领域延伸这条路才获得了现有的成就。

电商惠，增加“幸福感”

随着电商行业规模的扩大、以及网购消费者消费习惯的养成，粗放型、单一功能产品在满足消费者需求方面日渐捉襟见肘，对此，各大电商奇招百出：

拍拍网总经理刘春宁：“QQ商城最安心，你退货，我包你快递费，卖家坑你，我有统一售后客服帮你出头。”

京东商城CEO刘强东：“为了让快递‘快’，我不惜金钱，要多少砸多少！你就可以下班前下单，晚上回到家收货了。”

乐淘CEO毕胜：“乐淘只卖鞋，100%的正品鞋，还是超低价的！鞋垫、袜子都不会卖。”

唯品会CEO洪相波：“能上唯品会的都是名牌货，绝无山寨品，连包裹都是用上等牛皮纸的，结实、可靠、高档，有品位。”

凡客CEO陈年：“怕衣服尺码不对？送上门给你试穿。颜色不喜欢？快递上门给你换。穿好看了再给钱。”

顺丰也清楚的意识到这一点。同时，顺丰还更深入地意识到，消费者的网购幸福感不仅仅来源于商品传递过程中的服务质量，也与电商商家息息相关。2014年5月15日，顺丰经过多番酝酿，强势推出以电商速配、电商特惠作为电商基础产品，承载了顺丰小盒、商盟惠、绿色通道、货到付款、包装服务、特殊入仓、顺丰特安、预约派送、保价等的电商惠系列产品与服务。作为电商市场专享的高品质产品，顺丰电商惠系列秉持了顺丰品牌的中高端定位和优质服务。以此为前提，顺丰对电商行业现状、电商商家运营需求、网购消费者潜在服务需求进行洞察，志在不做仅连接卖家到买家的快递服务，而是要力图赋予电商以“幸福感”。

其中，“电商速配”为中高端电商市场而专设，“电商特惠”为电商基础市场而专设。“电商速配”对货品安全、时效要求高方面针对性很强，“电商特惠”则在满足对货物安全要求较高、航空禁运、派送时效要求精准等方面具有很强契合度。同时，顺丰小盒、商盟惠、绿色通道等让客户能以更加实惠的价格获取更多可选择的服务，正真做到想客户所想、急客户所急。

顺丰对电商的幸福感还有不一样的诠释：对商家来说，幸福感是能够实现信息共享、成本降低、刺激交易的专享服务；对消费者来说，幸福感是省心、品质的代名词，更是直接提升网购幸福指数的快递服务。

顺丰分享：P2P跨界新玩法

顺丰再度跨界，自去年低调上线至今已经运转一年左右的“顺丰分享”平台(sfshare.com.cn)于2014年8月开始正式从原先的二手货交易市场向闲置物品为主的交流互助公益平台转变。相比此前的犹抱琵琶半遮面，顺丰分享如今表现得更加大胆，目前上线的分享物品越来越立体丰满，种类已多达17种。从展示页面来看，玩具、数码、手机、护肤品、箱包、营养保健品、图书音像、笔记本电脑，用户均有不同程度的参与。同时，为了支援云南鲁甸地质灾害救助，顺丰分享还支持公益捐赠，实现在线募捐。若不是此举，相信很多业内外人士至今对其都毫无所知。那么，“顺丰分享”到底是什么，为何现在又突然大胆地正面示人了呢？

早期的“顺丰分享”其实质就是一个为消费者提供闲置二手物品在线交

易的P2P电商平台。P2P电商平台的发展还得从P2P的概念说起。

P2P全称Peer to Peer，最初来源于网络技术模式——对等网络模型。早期的P2P的商业应用主要集中于金融领域，迄今为止，主要形成了 P2P小额借贷与P2P网络借贷两大模式。在我国，最早的P2P网贷平台成立于2006年，经过几年的默默无闻后，直到2010年，P2P网贷平台才被许多创业人士看中，开始陆续出现了一些试水者。自此，P2P的概念也开始广受追捧，向更宽泛的商业领域蔓延。

有人对P2P营销做出了以下定义：它是消费个体为节点，节点既是本地产品资源的提供者，又是本地渠道资源的提供者，通过产品和渠道快速对接，可以实现全国范围内的产品资源和渠道资源的整合和共享的营销渠道服务系统，信息交换、产品互动营销是其主要特点。回到现实中，我们可以发现，各类二手闲置平台的搭建与运营就是对“P2P营销”商业模式很好的诠释。且不说形形色色的二手车与二手房等行业平台之外，在电商领域较为著名的“淘宝二手”平台的P2P资源整合与服务能力不容忽视，以社交、分享为基础的美丽说、蘑菇街等新型电商平台对二手闲置也有所涉足。

同时，随着低碳环保概念的深入推广，人们对于二手物品消费这种更经济更物尽其用的消费方式的接受度也不断提升。再加之，当人们物质生活达到一定水准后，越来越多的人注重人生价值的升华，参与到了公益环保事业中，二手物品互助传递也渐渐地渗透到各式各样的社会群体当中，成为了建立良好稳定社交关系的基础。

顺丰分享的平台转型难道真的只是为了低碳环保与社会公益吗？其实不尽然。二手交易在国内电商市场中并非主流，顺丰本就无意将二手交易做大，且二手交易能够带来的快递单量一直显得杯水车薪，所以围绕闲置物品建立起来的社交需求才是顺丰需要抢占的制高点。

首先，顺丰分享将通过二手闲置物品的公益互助活动提高用户粘性，在塑造和推广顺丰品牌形象的同时，使用户与品牌的联系更紧密，从而让更多局限于线下的用户逐步转移到线上，形成交互。

其次，顺丰的线下物流平台优势已不言而喻，以“便利店”为主的社区服务中转站建设也已初见成效，但线上平台的建设尤显不足，顺丰分享则可以从二手货交易和信息分享的社交角度切入，成为打通线上线下用户行为的连接点，打通线上线下，从而完成大数据的获取和整合。

【延伸阅读】

利润来自规模效应、资源效能、流程效率、技术工具

顺丰管理层普遍存在一个错误观念，即“利润是省出来的”。一强调利润率，大部分经营者马上就想到甚至只会想到控制成本、控制投入。这是非常错误的利润观，只考虑眼前利益，以牺牲投入来换取可观的利润率，丧失了可持续发展的动力。

我们需要认识到：公司的每一个职能部门、每一个经营单位都是利润的责任部门，区别只在于大家对利润负责的方式不同。经营单位要具备正确的利润观念：在经营决策中要考虑投入与产出的关系，通过深入研究区域市场特征，掌握客户需求，通过引领创新发展等方式不断提升投入的有效性，从而创造利润。职能部门应当具备正确的利润观念：不能靠地区省钱来优化成本，而要靠职能本部在更高的层面、更大的范围来统筹考虑如何提升资源效能；每一个职能部门对各自负责的资源投入标准负责，兼顾质量与成本的关系，通过精简优化流程、投放工具设备、升级技术系统等方式不断提升资源效能，从而创造利润。

改革组织绩效管理机制，建立绩效激励与问责机制

（1）解决激励不够的问题。明年我们会彻底改革目前这种拿年薪、“吃大锅饭”、比国有企业还国有企业的薪酬机制。把工资与效益奖金分开，工资与岗位价值、服务年限等挂钩，效益奖金与收入目标、核定利润率挂钩。

（2）解决压力不足的问题。我们将提升明年收入目标的合理性，不再放

任各业务区根据历史数据对增长率简单递减来做预算，而是会在同比的基础上根据各区的市场总量、市场占有率、公司的发展战略来确定经营目标，做定期回顾和评价，在同类地区间经营结果表现最差的地区，总部会问责区总并要求限期整改，仍不能改善的会淘汰。

今天我们面临严峻的经营形势，有“危”更有“机”，重重压力只会令顺丰迸发出更大的能量。“今日的选择造就明日的顺丰”，与各位同仁共勉。

——节选自2012年9月6日王卫《关于顺丰目前面临主要经营问题的几点意见》

顺丰年表

1993年

顺丰速运公司在广东顺德创立

在香港特别行政区设立营业网点

1996年

涉足国内快递

1997年

局部垄断深港货运

2002年

全面收权，组织结构大变革

在广东深圳设立总部

2003年

顺丰1千克以内次日达业务从15元涨到了20元

与扬子江快运签下合同，成为国内第一家使用全货运专机的民营速递企业

为中国非典型肺炎的防治工作捐赠200万元

2004年

营业额达到13亿元

为希望工程捐赠100万元，荣获广东省青少年事业发展基金会“捐赠证书”

2006年

华北总部迁到北京空港物流园

2007年

在台湾省设立营业网点，覆盖台北、桃园、新竹、台中、彰化、嘉义、台南、高雄等主要城市

2008年

在澳门设立营业网点

“5・12大地震，顺丰在行动”累计捐款937万元并捐出可供3500人使用的帐篷

组织78名志愿者赶赴灾区救助和重建

地震后组织员工领养了76名孤儿

2009年

台湾“莫拉克”台风，两岸三地上百名艺人发起“赈灾义演”晚会，顺丰速运捐款200万港币

正式成立广东省顺丰慈善基金会

购买飞机，成为国内第一个拥有飞机的民营快递企业

2010年

开通对新加坡的国际物流，覆盖新加坡（除裕廊岛、乌敏岛外）的全部地区

顺丰“E商圈”开始运营

青海玉树地震，顺丰新成立的航空公司无偿为灾区运送42组近25吨的发电机组，同时为灾区捐款1000万

2011年

开通对日本、韩国、马来西亚的国际物流，覆盖韩国全境

顺丰电子商务有限公司注册成立

顺丰与7-11结盟，同时推出自营便利店

顺丰宝获得经营第三方支付牌照

2012年

开通对美国的国际物流

顺丰退出尊礼会，涉足电商

顺丰优选正式上线

顺丰优选原CEO刘淼退位，集团副总裁李东起上任

2013年

开通对泰国的国际物流

顺丰优选常温配送增至74城

首次融资，三大入股机构约占25%的股份

后　记

在创作《没有翅膀，就要努力奔跑》之前，我的作品——《快递来了：顺丰速递与中国快递行业30年》一书受到了广大读者的追捧和喜爱，并在上市不久就供不应求，形成脱销，为此我决定将该书再版，以飨读者。再版时发现，虽然我对书内容做出了一点修整和完善，但因时间与字数等因素，感觉仍不能满足广大读者的阅读需求，为此我决定创作《没有翅膀，就要努力奔跑》一书。

在创作这本书之前，我对《快递来了》进行了梳理，并吸取了其中的精华。此后，我又与不少热心读者进行了交流与互动，并虚心采纳了他们给予的意见和建议。之后，我以顺丰速运的创始人王卫的事迹为原型创作了这本书。希望通过这本书让人们了解更多的关于物流领域的知识，同时也希望能给正在创业阶段的各行各业的奋斗者以鼓舞和激励，并将王卫充满正能量的创业事迹传递给更多需要鼓励的个人和企业。

书中讲述了不同时期快递行业潜在的机遇与困境，以及该行业的创业者的激情和梦想，展现了他们在不同时期对新生事物的敏感和探索实践，有助于我们更好地了解和分析中国快递业昨天、今天和明天的发展趋势。

本书在创作过程中获得了以下各行各业的知名人士的鼓舞、帮助和支持，他们分别是：

国务院参事、中国物流策划研究院和中物策（北京）工程技术研究院院务委员会主席任玉岭研究员；国务院参事、中国物流策划研究院和中物策（北京）工程技术研究院院长李庆云教授；住建部稽查特派员、中国物流策划研究院和中物策（北京）工程技术研究院副院长、教授级高工苏是嵋；广州大学副校长禹奇才教授、广州大学工商管理学院书记谢如鹤教授、广州大学建筑设计研究院院长沈粤教授、广州大学建筑设计研究院书记宁艳教授；中国物流与采购联合会和中国物流学会何黎明会长、副会长贺登才；国物流策划精英团队优秀成员：日本海归博士后李家齐教授、教授李弘博士、教授黄远新博士、副教授易海燕博士（德国博士后）、副教授秦进博士（赴美国访问学者）、副教授杨京帅博士（赴美国访问学者）、副教授刘仁军博士、副教授刘鹏飞博士、副教授刘广海博士、物流工程与管理硕士许行、付夏莲、昭咪咪、冯志祥研究员、投融资市场部主任李峻磊等。

在此，我要特别鸣谢国务院参事室、中国物流策划研究院、中物策（北京）工程技术研究院、广州大学建筑设计研究院、广州大学工商管理学院、广州大学物流规划设计研究院、广州大学物流与运输研究中心、广州大学物流类专业教学指导委员会、广州李芏巍工作室和李芏巍物流之星奖助学基金等单位，感谢他们对本书给予的帮助与支持。

此外，我还要特别感谢参与本书策划、出版与发行的出版社、编辑、发行商、经销商，以及参与本书创造的广州李芏巍工作室赵春洁、李鸿酉、马兰、李慕妍等工作人员，感谢他们为本书付出的辛苦工作。

最后，我要提出的是，在本书的创作过程中，我们参阅了许多相关媒体和互联网媒体的报道，作为本书资料来源的一部分，在这些报道中有原作出处的，本书已经注明，并表示感谢；对于有些难以查到出处与原作者的，我们在此首先表示感谢，其次提醒原作者积极与我们联系，以便澄清版权。由于创始时间和精力限制，如若本书中有任何纰漏，欢迎广大读者积极与我单位联系，我们将通过一切可行的方法予以改正。

再一次感谢所有对本书给予帮助与支持的朋友们，谢谢大家！如若广大读者想要了解更多相关信息，欢迎关注：www.56cehua.cn；新浪微博——李芏巍；微信——李芏巍；交流咨询联系作者助理电话：010–5807 6783（北京）；020–8623 7961（广州）。